저는 비정규직 초단시간
근로자입니다

이 책은 '2019 NEW BOOK 프로젝트-협성문화재단이
당신의 책을 만들어드립니다.' 선정작입니다.

저는 비정규직 초단시간 근로자입니다

석정연 지음

산지니

친정엄마 손에 맡기고 일을 할 수 있었던 첫째와 달리 조산으로 태어날 때부터 유약한 둘째는 인큐베이터에서 한 달을 살아야 했다. 아픈 아이가 내 탓인 양 품에서 내려놓은 적이 없었다. 제대로 챙겨 먹이지 못해 빈혈로 입원하기도 했다. 아이는 저절로 자란다고 생각한 준비 안 된 미숙한 부모였고 미안한 엄마는 책임을 다하기 위해 늘 아이가 최우선이 되었다.

둘째가 다섯 살 때 처음 어린이집에 맡겼다. 한 번도 떨어져 보지 않아 그런지 어린이집 차량을 기다릴 때부터 울기 시작한 둘째는 그 짧은 다리로 허리를 꽉 조인 채 떨어지지 않으려고 악을 쓰며 매달렸다. 아침마다 전쟁을 치르며 어린이집을 3개월 동안 울면서 갔다. 그렇게 보내고 나면 일을 해도 집중할 수가 없었다.

두 아이의 엄마, 나이 차가 일곱 살이 나는 아이 둘을 데리고 무슨 일을 하러 다니기엔 엄두가 나질 않았다. 그렇지만 IMF 여

파로 남편도 제대로 된 직장을 구하지 못해 내내 전전긍긍하다
가 가구 납품업체 일을 시작한 지 얼마 되지 않았고 경력도 없는
신입사원 월급으로 네 식구 밥벌이하느라 힘든 시기였다.

디자이너 전공을 살린 일을 하고 싶었으나 육아와 양육 기간
이 길다 보니 의류 업계의 흐름을 따라잡기도 힘들뿐더러 내가
일하던 당시의 업체들은 이미 살아남은 곳도 없었고 업계의 생태
가 아이 엄마의 양육을 인정하며 시간을 배려해줄 곳이 아니란
걸 잘 알기에 시도조차 하지 않았다.

되도록 아이를 돌보면서 집에서 할 수 있는 일이 무엇일까 생
각했다. 일을 하기 위해 두 아이를 모두 학원이나 어린이집 야간
돌봄까지 맡기려면 비용도 만만치 않았고 교통비와 식대를 제
하고 나면 몇 푼 남지 않는 일을 하기 위해 아이들을 희생시키는
것은 더 죄를 짓는 것 같았다. 아이들과 함께 지내면서 돈을 벌
수 있는 재택근무 형태의 일자리를 알아보았다.

배울 때까지는 임금이 없지만 어느 정도 실력이 되면 제법 수
입이 좋다는 말에 전통한복을 배울까 하여 집에 작업용 미싱을
중고로 샀다. 그런데 집에만 같이 있다뿐이지 위험한 미싱 근처
에 오는 아이들을 막느라 전동미싱 소리만큼 목소리만 커질 뿐
이었다. 집 전체에 옷감 먼지들이 쌓였고 아이들은 그 먼지를 마
시며 구석에서 놀았다. 그 모습을 보자 어느 순간 이건 아니라는
생각이 들었다. 연습만 하던 미싱을 내다 팔았다.

신문과 인터넷을 뒤지며 다른 일을 찾다가 R 대학교 평생교육
원 경력단절여성을 위한 취업연계 지역인적자원개발 프로그램

에서 논술지도자 과정 교육 신청자 모집 기사를 보게 됐다. 교육 과정을 마치면 취업도 연계가 된다니 내가 찾던 일이었다. 부푼 꿈을 안고 그렇게 시작된 교육 과정은 한 과정을 끝내니 하나의 자격증으로는 경쟁력이 없다는 결론으로 이끌었고 하나만 더 하면 당장 취업이 될 것 같던 교육은 또 다음 과정 그리고 또, 또.

배움의 길은 끝이 없다더니 논술에서 미술 심리치료로 독서지도, 독서치료, 동화구연으로 이어졌다. 이후, 창의·영재지도사, 체험·역사논술지도사, 자기주도학습지도사, 방과후매니지먼트, 방과후아동지도사, 진로탐색상담사, 직업상담사, 토론지도사, 컴퓨터 활용능력, 가정폭력 전문상담원, 사회복지사, 준사서 자격증을 얻을 때까지 배움을 게을리한 적이 없었다.

그 과정에서 소소한 업무가 연계되었으나 역시 아이들 돌볼 시간적 한계 때문에 직업으로 전적으로 매달릴 상황이 아니었다. 각각의 가정방문 교사 또는 논술, 토론 강사 일자리도 임시직이거나 정부 지원사업 기간의 유한성으로 인해 직업으로 전환할 만한 미래가 보장된 일들이 아니었다.

지도사 선생님들의 개인 역량에 따라 아동을 많게는 20명도 넘게 배당받기도 했지만 뚜벅이로 먼 거리를 다녀야 했던 나는 5명의 아동 관리도 힘들어 수입이 그만큼 적을 수밖에 없었다. 각종 자격증과 수료를 거치면서 성취감을 맛볼 수는 있었지만 취득한 자격증으로 안정된 일자리를 구하는 일은 쉽지 않았고 공부하는 엄마의 모습을 보며 잘 자라준 아이들만이 최고의 보상이었다.

학교 일을 시작한 것은 둘째가 초등 2학년 때였다. '엄마품멘토링' 학부모 지원 신청을 받았고 그 일이 계기가 되었다. 초등 4학년 때 학부모 재능기부 독서교실을 맡아 하면서 직업상담사 자격증 과정을 배우러 다녔다. 2차 시험을 앞둔 시점에 학교도서관 학부모 사서 도우미를 모집한다는 정보를 듣고 지원하여 지금까지 도서관을 지키게 되었다.

한동안 열일 하며 가정도 잘 꾸리는 여성을 슈퍼우먼이라 지칭하며 집안일과 직장일을 모두 잘하는 여자를 요구하는 사회적 분위기를 조성했다. 슈퍼맨이 환상이듯 완벽한 엄마는 없다. 슈퍼우먼이 아닌 엄마들은 스트레스가 쌓였고 슈퍼우먼콤플렉스, 슈퍼우먼증후군, 슈퍼우먼신드롬 등 의학계 신조어만 더 늘어났다. 예나 지금이나 달라진 건 없다. 현모양처를 추대하던 분위기에서 슈퍼우먼, 워킹맘이라는 언어의 역사성에 의해 단어만 바뀌었을 뿐이다.

그런 프레임을 씌워 여전히 여성을 힘들게 하는 사회구조에서 두 마리 토끼를 거머쥔 성공 신화를 쓴 여성이 과연 몇 명이나 될까? 올가미 같은 사회 인식을 걷어내야 저출산·고령화 시대 여성 인력을 적극적으로 활용하고 직장과 가정의 양립 지원 필요성에 의해 제정된 남녀고용평등과 일·가정 양립 지원에 관한 법률 제정의 의의를 살릴 것이다.

비정규직이 비단 여성의 문제이기만 할까 하여 찾아보았다.

2018년 8월 기준 통계청의 경제활동인구 조사 비정규직 비율을 보면 남자 26.3% 여자 41.5%로 비정규직 인구 33%라는 전체 비율도 심각하지만 그래프가 5년 전과 거의 수평을 유지한다는 것은 조금도 달라지지 않음을 의미한다. 여전히 남녀 성차별이 심하다는 것은 고착화된 불평등의 문제점을 그대로 보여준다.

남녀 성 비율로 잣대를 들이댈 생각은 없다. 비정규직이 양산된 사회의 한 구성원으로 비정규직 속에서도 구별을 짓고 차별이 일어나면 아무런 법적 보호도 받지 못하는 초단시간 근로자로 살아간다는 것에 우려와 염려가 있었고 그들을 향한 처우가 부당함을 직접 경험하였기에 인간의 존엄과 평등을 최우선하는 민주 사회의 이면을 알리고 싶었다.

알게 모르게 그냥, 원래 그런 거라고 당연하게 수용했던 것들이 우리 자신을 더 낮추고 미약한 존재로 만든다. 덩치가 크든 작든 같은 행동 양식을 보여주는 '코끼리의 말뚝이론'과 '벼룩의 자기 제한'처럼, 갇힌 틀 속에서의 반복된 학습이 스스로 자신의 한계를 정해버리는 것처럼 우리의 처지를 그대로 받아들일까 봐, 신분계층 사회의 불가촉천민인 양 자본주의의 희생양이 될까 봐 안타까웠다.

쓴 글을 다시 읽고 돌아보는 과정을 거듭하면서 누구를 위한 글쓰기인지 스스로 질문을 던졌다. 무엇을 얻으려고 한 것이 아니었다. 울분에 가득 찬 속풀이쯤으로 생각했거나, 개인적으로는 가치관을 뒤흔든 중대한 일이지만 이렇게라도 하지 않으면 아무도 관심이 없는 조용히 묻힐 이야기에 병 들고 상처 입은 사람만 힘든 사회는 아니어야 하지 않을까 고민했다. 세상 사람들에게 알리고 객관적인 평가를 받고 싶었다.

차례

2부 제가 비정규직
초단시간 근로자인가요?

3부 상시직이지만 시급제,
그래도 제 일을 사랑합니다

1부

학부모 재능기부 하다가
사서 도우미 되다

배움을 나누는 마음으로

아이들에게 배움을 나눠주고 싶은 마음에 시작한 일이었다. 겨울방학 전 마지막 수업 날, '토요 독서교실' 아이들과 I 서점 앞에서 수업을 마치고 기념사진을 찍었다. 수업이 끝나서 좋은 건지, 맛있는 간식도 먹고 선물받은 책이 좋은 건지, 아이들은 카메라를 보며 환하게 웃었다.

학부모 재능기부 수업이지만 아이들을 가르친 경험이 있었기 때문에 가능했다. 2007년 R 대학교 평생교육원에서 논술지도자 과정을 공부한 것이 인생의 전환점이 되었다. 전공과 전혀 다른 새로운 도전이었다. 공부를 병행하면서 보건복지부 바우처 아동을 대상으로 3년 동안 가정 방문 교사 일을 했다.

방문 교사 일 하는 걸 아는 학부모회에서 재능기부 강사로 학교 측에 추천했고 2012년 2학기부터 학부모 재능기부 수업을 맡아달라고 부탁해왔다. 그 수업 과정을 지켜본 교육복지 담당 선생님이 둘째 아이의 초등학교 담임 선생님이었다. 정식 강사로 이어진 '토요 독서교실' 독서지도 수업은 담임 선생님의 부탁이라 거절할 수가 없었다.

막상 수업을 하겠다고 하고 보니 준비할 내용이 많았다. 주제를 선정한 후 그에 맞는 자료를 검토하고 PPT를 만들어야 했다. 여러 동영상을 시청한 후 수업 주제에 맞는 동영상을 편집하고 수업에 필요한 모든 학습지도 직접 제작했다. 학생들이 주제를 찾고 글쓰기를 하면 글쓰기 첨삭과 세세한 피드백까지 준비했다.

두 시간 수업을 위해 일주일 내내 기획, 제작, 정리를 반복했다. 내 아이와 함께 학교에 다니는 친구, 동생, 언니, 오빠들에게 좋은 선물이 될 수 있도록 수업에 최선을 다했다. 그러나 당시 직업상담사 자격증 수업을 들으면서 시험도 준비하고 있던 터라 수업 준비가 쉽지만은 않았다. 중간에 못 하겠다고 내려놓고 싶은 마음이 굴뚝같았다. 학습 지도안도 배운 대로 형식에 어긋남이 없도록 해야 했고, 재능기부 수업을 하면서 강의 계획서까지 꼼꼼하게 만들어야 했기에 얼마간 후회를 했다.

그래도 시간은 흘러 긴장됐던 첫 수업을 지나 마침내 마지막 수업까지 마칠 수 있었다. 무어라 표현할 수 없는 벅찬 성취감을 느꼈다. 비록 몸은 힘들었지만 한 명의 낙오자 없이 함께 잘 따라와 준 학생들에게도 감사했다. (2013년 12월)

　학부모 재능기부로 독서지도 수업을 하다 도서관 지킴이의 역할을 맡게 되었다. 학교와 도서관 사서 선생님의 마찰로 학교 도서관 업무에 공백이 생겼고, 교육청 사서교사 인력은 부족한데 무기 계약직 전환을 요구하는 교육 공무원직 사서 채용에 부담을 느낀 학교에서는 학부모 대상 사서 도우미 채용을 계획하던 중이었다. 도서관을 지켜줄 누군가가 필요했던 것이다.

　어떤 일을 하게 될지도 모르고 책이 있는 도서관에서 일한다니 그저 좋았다. 먼저 C 교장 선생님을 만나 인사했다. 자세한 업무 내용과 시간은 L 교감 선생님과 다시 조정하라는 말만 들었다. 교감 선생님은 계약서에 명기된 업무 목록을 보여주면서 도서관 근무 시간이 도서관 운영시간과 같다고 알려주었다. 다만, 개관 시간을 기존 운영시간보다 1시간 앞당겨 오전 8시에 시작해달라고 하였다. 마치는 시간은 오후 4시. 토요일도 오전 9시부터 낮 12까지 근무하기를 원했지만 그건 거절했다. R 대학교 평생교육

원에서 토론지도자 과정 수업을 들으며 '공부'에 푹 빠져 있었기
에 토요일만큼은 자기 계발 시간으로 남겨두고 싶었다.

그렇게 초등학교 도서관 사서 도우미의 일을 시작하게 되었다.
긴 시간 근무가 부담스럽긴 했지만 책을 읽으며 시간을 보낸다
생각하니 두렵지 않았다. 그런데 그건 나의 착각이었다. 시작과
동시에 정신을 못 차릴 정도로 바빴다. 그래도 친분이 있는 학부
모 부회장과 토론 동아리 모임을 함께했던 학부모 대표가 도서
관 업무를 지원해주었다. 학생들이 천 명 가까이 되어 도서관 이
용자 수도 많았다. 쉬는 시간마다 쌓이는 책을 정리하느라 하루
가 다 갔다.

도서관은 새로 시작한 도서관 활성화 운영계획이 모두 투입되
고 적용되었다. 기존 방침대로 운영을 해나가도 벅찬데 달라진
도서관을 보여주고 싶은 관리자들의 요구로 행사, 전시, 제도 등
담당 선생님들에 의해 새로 시도되는 일이 더 많았다. 특히, 노인
일자리 연계형 사업 도우미 할아버지 지원은 정신적인 스트레스
까지 가중시켰다.

구매 도서의 정식 수서 절차도 모르는 채 서가에 쌓인 낡고 오
래된 책을 폐기해도 모자랄 판에 아이들 읽을 책이 너무 없다며
동아리 활동 지원금으로 중고 도서를 엄청나게 사들였다. 결재
해준 독서부장 선생님도 모르긴 매한가지였다. 책이 없으니 산
다는 생각뿐이었다. 기본 업무만으로도 숨이 찰 지경인데 그 도
서를 등록하느라 고군분투했다.

이외 토론동아리 모임, 사서 도우미 회원 관리, 교육복지 독서

교실 수업, 도서관 소식지 발행, 세계 책의 날 행사 준비, 혼자 하는 넓은 도서관 청소도 한몫했다. 퇴근 시간은 평균 7시, 그마저도 양호한 편이었다.

도서관 업무는 상상 이상이다. 책을 좋아하는 나는 도서관에서 온종일 책을 읽는 시간을 꿈꾸었는지도 모르겠다. 완전히 계산 착오였다. (2014년 3월)

너무 힘들어요

새 학기 시작하고 만 한 달이 되었다. 도저히 더는 지체할 수가 없었다. 정신이 피폐해지는 느낌이었다. 쓰러질 것만 같았다. 한 달째 방치된 집안 살림은 뒷전, 쌀이 떨어졌는지, 반찬이 있는지, 도대체 가족들이 밥은 먹고 다니는지 신경을 쓰지 못했다. 딸이야 한 학교에 있으니 그나마 가끔 얼굴을 보지만 아들은 대학 새내기인데 학교생활에 적응했는지 어떤지도 모르고 제 한 몸 가누기 힘들어 집에만 가면 앓는 소리를 했다.

학교는 처음 일하는 사서 도우미에게 전문 사서가 해도 벅찬 일을 다 맡겨놓고 알아서 하겠거니 방관했다. 능력 부족 탓이 되지 않기 위해 학교에서 가장 일찍 출근하여 도서관 문을 열고 가장 늦게까지 일하였다. 학년 초라 담당 선생님들도 바쁘겠지만 힘들고 어려운 업무에 대해 아무 얘기를 하지 않으니 학교는 도서관 일에 신경도 쓰지 않았다. 조용하니 잘 돌아가는 걸로 알고 있는 것 같아 아니라고, 힘들다고, 도와달라고 도서관 업무 한 달 경과 보고서를 썼다.

　선생님 오늘로 만 한 달째 사서 일을 한 결과 중간보고 및 어려
움을 말씀드리고자 합니다. 열심히 하겠다고 시작하고 이런저런
이유로 선생님에게 자꾸 말씀드리기가 어려워 혼자서 어떻게든
해본 다음에 하려고 미루다가 말씀드리는 제 입장 이해해주세요.
　첫째, 사서 도우미 할아버지에 대해서입니다. 사회복지관에 말
했는데 원래 할아버지들은 청소업무는 안 한다고, 도서 정리와
컴퓨터도 잘 못한다고 하니까 지금은 대체해줄 인력도 없고 정기
적인 교육을 하고 있다고만 합니다. 그럼에도 불구하고 같이 일
하기 힘든 부분이 있어 말씀드립니다. 송 할아버지는 담배를 피
우기 위해 근무지 이탈을 자주 합니다. 김 할아버지는 청소하기
싫어하고 도서 정리도 못 하기 때문에 무슨 일을 맡겨야 할지 난
감합니다.
　둘째, 도서구입 (서점체험) 등록 작업에 대해서입니다. 지난 토
요일, 선생님에게 개교기념일에 연결된 토요일이니 학부모들이
도서관 나오기 힘들어 한다며 사서 도우미 일정에도 뺀 날이었
는데 목요일에 L 교감 선생님이 전화를 걸어 와서 "개교기념일에
도서관이 왜 쉬나요? 학생들한테 한다고 말했는데 큰일이네요."
라고 하였습니다. 통화한 내용도 맘에 걸리고 토요일 휴일 공지
를 각반에 미리 알리지 않은 것도 실수다 싶어서 제가 아침부터
일을 하게 되었습니다.
　그래서 서점체험 한 책들 신간 도서등록 작업을 시작했는데 도

서관 마치는 시간부터 시작한 일이 밤 9시에 끝났습니다. 두 반의 도서를 합해서 80권 가까이 되는 책을 찾는 것은 많은 시간이 필요했습니다. ISBN 번호가 거의 다 새로운 것이라 등록 시간이 오래 걸렸고, 부산 전체 도서관에도 등록되지 않은 신간 몇 권은 신규 등록으로 올려야 했기 때문에 책 한 권에 거의 30분이나 소요되는 등 분류작업은 너무 힘들고 긴 시간이었습니다. 온종일 딸이 사다 준 김밥 한 줄 먹으며 꼼짝없이 일에 매달려야 했습니다. 다행히 월요일 아침 일찍 바코드 라벨과 측인 작업을 도와주러 온 도우미 학부모들 덕분에 오전에 완성하고 학생들에게 전할 수 있었습니다.

셋째, 1학년 7반 다대출 이용과 등록에 대해서입니다. 학교도서관 업무지원센터에 문의한바 다른 방법은 없다고 하니 대안을 부탁드립니다. 지금 상태로는 전혀 해낼 재간이 없습니다. 자세한 문제점은 통화로 알렸기에 간단하게 마무리합니다.

넷째, 작년 졸업생과 전학생 처리 과정에서 미납도서 미처리 문제입니다. 시스템에 미납자는 도서 입고가 되지 않으면 계속 자료가 남아 임시삭제 명단에서 지워지지 않는다고 합니다. 삭제되지 않는 학생이 18명인데 그 학생들의 미납도서 처리를 어떻게 하면 되는지 알려주세요. 임시삭제가 안 되면 기존 학생들과 중복되면서 오류가 발생하니 처리를 해야 할 것 같습니다. 그리고 도서 분실은 학교관리자의 책임으로 변상의 문제를 고려해야 한다고 교육연구정보원에서 알려주었습니다.

다섯째, 도서관 비품 문제입니다. 도서관에서 커피, 차, 복사지,

화장지 등 소모품을 도우미 학부모들과 사서 도우미 할아버지들, 방과후 코디 선생님과 같이 사용하고 있습니다. 새로 구매하는 것은 어떻게 하는지? 그리고 방과후 선생님은 같이 생활하지만 청소, 비품 대여, 하물며 식수 운반도 모두 제가 다 하려니 혼자서 하는 잡무도 만만치 않습니다. 먼저 있던 선생님이라 안 하던 청소를 도와달라고 하기도 어렵고 비품 등 용품을 사용하지 말라고 말하기도 난감합니다. 방과후 교실과 비품 사용 협의해서 분담해 주셨으면 합니다.

여섯째, 제가 하는 교육복지 수학교실, 독서교실 수업에 대한 건입니다. 학부모 사서 도우미 분들이 오는 시간에 하고 있어 많은 도움을 받지만 시간대가 전 학년 모두 도서관에서 방과후 수업을 기다리며 이동이 가장 많을 때라 조용히 책을 읽는 학생들에게 오히려 방해가 되어 도서관 분위기를 어지럽히고 있습니다. 그래서 교육복지 담당 선생님에게 말했더니 본관 끝에 있는 교육복지실에서 하라고 합니다만 제가 도서관을 비우고 수업을 하고 와도 될지 궁금합니다.

일곱째, 도서관이 이용자들에게 많이 개방되어 있어 도서 분실이 우려됩니다. 제가 와서 곳곳에 방치된 물건들을 모아 놓고 분실물 보관함을 만들어 두었는데 주인이 와서 찾아가기 전에 우산이며 교통카드 등이 없어지는 일이 계속 발생하고 있습니다. 교통카드의 경우 열쇠와 같이 묶여 있었는데 카드만 떼서 가져갔습니다. 사소한 분실물이 문제가 아니라 도서가 없어질 수도 있다고 생각됩니다. 도서는 한두 권 없어져도 알 수가 없기 때문에 더 걱정됩니다.

 지난 토요일이 문제가 아니라 오늘처럼 등록 작업 마친 도서를 학생들이 대출하기 위해 다시 줄을 서고 1학년 대출 신규 이용자도 쉬는 시간마다 와서 대출 반납을 반복해 전반적으로 도서관 이용이 늘어나다 보니 앞으로 계속 들어오는 신간 도서들을 제가 근무시간 안에 등록을 끝내기에는 너무 벅차고, 언제까지 해 드리겠다 보장할 수가 없어 긴 글 올립니다. 그래서 도서 구매계약 특수조건에 대해 정보원 교육 받을 때 들었던 내용을 알아보려고 교보문고와 전화를 시도하였으나 계속 불통이고 제가 전화할 시간도 여의치가 않습니다.
 많은 시간을 할애해서 최선을 다하고 있다고 생각했는데 몸은 몸대로 지치고 무리였는지 몸살감기가 겹쳐 내일 일들이 두렵기까지 합니다. 등등의 이유로 글이 너무 길어졌으나 계속 생각해 오던 일이고, 근무시간에는 따로 짬 내기가 어려워 많은 업무에 힘들 줄 알면서도 하소연을 하게 된 점 이해 바랍니다. 가정은 이미 뒷전이고 업무시간 외 시간을 오롯이 다 쓰고 있음에도 모두 완결되는 업무는 없고 산재한 일을 바라보고 있자니 한숨만 나옵니다.
 한 달이 지난 시간을 돌아보며 신학기여서 갑자기 많은 일이 있었고, 업무 적응이 되지 않았고, 시스템 사용이 미숙하니까 그렇다고 스스로 달래보려 했으나 학부모 사서 도우미와 할아버지 관리 등등 전에 없던 일을 하겠다고 나선 것도 후회되고 이젠 더 엄두가 나질 않습니다. 지금이라도 어떠한 조처를 하는 것이 나중의 일을 더 효율적으로 도모하기 좋을 것 같습니다. 시간 되실 때 읽어보시고 원만한 해결될 수 있도록 도와주십시오. 죄송하고 감사합니다.

2014년 3월 31일 늦은 밤

우리 학교는 도서관 활성화를 명목으로 학생들 독서를 장려하기 위해 매달 가장 많이 대출한 학생과 학반 그리고 도서를 통계 내고 시상을 하고 도서관 소식지에도 발표한다. 한 선생님은 그 상을 받기 위해 일 년 내내 나를 괴롭혔다. 맡은 업무도 산더미인데 그 선생님의 개인적인 심부름을 하기 위해 매달 말일이면 퇴근 시간을 넘겨서 두세 시간씩 일을 더 해야 했다. 정말 미웠다.

선생님 반 학생들을 위해 책 수레를 끌고 와서 단체 대출로 한꺼번에 빌려 가는 것까지는 괜찮다. 반납할 때가 문제다. 통계를 집계해야 하는 말일이 되면 한꺼번에 가져와서는 반에서 임의로 만든 대출목록 장부에 기록한 도서목록을 들이민다. 서른 명 가까이 되는 학생들이 읽었다고 동그라미 표시한 것을 보고 하나씩 시스템에 입력해 달라고 가져오는 거였다.

저학년이었기에 빌려 간 도서 대부분 그림책 종류였고 거의 모든 학생이 읽었다는 표시가 되어 있다. 서른 명 학생이 서른 권을 빌려 가서 돌려 읽기를 하면 한 학생에게 서른 번의 등록번호 클릭질 또는 번호입력을 해야 했다. 대략 총 900번의 무한반복이었다. 바코드 리더기를 누르면서 인대가 늘어나 한동안 파스를 도

배하고 다녔다. 리더기가 힘들면 키보드 숫자판에 등록번호를 직접 입력하기도 하는데 그런 단순노동을 할 때는 정말 내가 이거 하려고 학교 왔나 하는 비참한 기분이 들었다.

그 선생님은 다대출 반과 학생 시상에 반 학생들을 올리기 위한 편법을 사용한 것이다. 조작된 수치와 잘못된 통계로 정작 스스로 열심히 책을 읽고 사랑한 학생들에게 돌아갈 몫을 가로챈 것이나 진배없었다. 그것도 본인 스스로가 하는 것이 아니라 나에게 그 위조 작업을 하도록 매달 지시했다. 아니 강요했다. 하지만 그 선생님은 부끄러운 줄도 모르고 미안한 줄도 몰랐다. 그러니까 계속 시켰겠지만. 곧 2학기에 교감 선생님으로 발령 난다는 소문이 있었다.

그런데 뭐가 잘 안 됐는지 발령이 나지 않았다. 우리 학교에 더 있다니, 다시 도서관으로 일거리를 잔뜩 들고 온다니 머리가 지끈거린다. 그 선생님은 경력도 오래되고 학교관리자들도 예우하는 정도의 위치에 있었다. 그래서 독서부장 선생님에게 몇 번이나 하소연해도 시정되지 않았다. 독서부장 선생님도 어쩌지 못하기에 그 선생님이 다른 학교로 가시는 날만 기다려 보자며 말로만 위로했다. 정말 간절하게 손꼽아 기다리는 수밖에 다른 방법이 없었다.

높은 자리에 욕심이 없는 선생님은 자기 일에 만족하고 점수를 바라지 않는다. 평교사에서 부장 교사, 다시 교감 그리고 교장이 되기까지 승진을 원하는 교사들은 여러 방법을 동원해야 한다. 학교에 있는 동안 내가 만난 교감 선생님들은 예외 없이 혹독했다. 기계 같은 이성만 존재하며 평가하는 로봇 같았다. 온종일 컴퓨터 모니터만 들여다보면서 온갖 교육정책사업에 신청서를 넣는다. 실효성은 고사하고라도 우리 학교 실정에 맞을지 고민은 하는지? (2014년 3월)

사서 고생, 그래도 마음을 다해

오늘도 정신없이 바쁜 아침이다. 학생들이 등교하면서 도서관에 들러 어제 빌린 책을 반납하고 새 책을 빌려 가는 시간이다. 수업과 수업 사이 10분, 쉬는 시간에 멀리 있는 도서관을 바쁘게 뛰어왔다 가는 것보다 등교하는 시간이 책을 고를 때 여유가 있어 더 좋아한다. 그리고 수업 틈틈이 교실에서 책을 읽을 수도 있다. 40분, 등교 종이 울리면 도서관에 있던 아이들도 일제히 올라간다. 다음으로 붐비는 때가 점심시간이다. '요즘 아이들 책을 읽지 않아 걱정'이라고 염려하는 어른들이 많은데 학교도서관에 와 보면 생각이 좀 달라질 것 같다.

사서 고생, 딸내미가 붙여준 별명이다. 매일같이 야근에다 집에 와선 손가락 까딱하기도 힘들어 녹초가 되어버리는 엄마를 보고 논술 가르치미 할 때 쓰던 별명 '논리정연'을 버리고 새로 지어준 거다. 꼬박 한 달을 채우고 병이 나버렸다. 근무 날도 아닌데 김밥 한 줄로 허기를 채우고 아침부터 늦은 밤까지 열두 시간을 일해서 얻은 몸살감기였다. 누가 시킨 것도 아니고, 알아주는 것도 아닌데 일 놔두고 가만 못 보는 내 성격 탓이 크다. 아프니 서럽다. 아침에 결근할까 망설이는데 출근 시간이 다가오니 몸이 자동으로 바빠진다.

내가 지켜야 할 곳! 일하다 쓰러져도 나가야지!
마음 돌리고 긍정 에너지 가동하면서. ㅍㅎㅎ
지구는 슈퍼맨이, 도서관은 내가! 지킨다!

문을 늦게 여는 것도 아닌데 아침 일찍부터 와서 컴퓨터 켜는 것까지 말똥말똥 지켜보는 아이들이 정겹다. 너무 좋다.
"자! 첫 번째 손님 반갑습니다."
알은체해주면 큰일이라도 한 것처럼 어깨에 힘이 들어간다.
그렇게 또 하루를 시작한다.
그런데 점심시간 끝나기 10분 전 한 학생이 헐레벌떡 뛰어와서 손에 들고 온 떡이랑 두유 팩을 책상 위에 올려놓는다. 아침 일찍 오는 단골손님 중 '선영'이라는 여자 아이다. 붙임성이 좋아 인사도 잘하고 말도 곧잘 하는 아이다.
"선생님, 선생님…. 헉헉!"
"이게 뭐야? 선영아!"
"오늘 제 생일이라 반에 떡이랑 음료 돌리고 남은 건데 선생님 생각나서 갖다드리러 왔어요."
"세상에! 너나 더 먹지. 힘들게 뭐하러 가져왔어? 암튼 정말 고맙다. 생일인데 선생님이 챙겨줄 게 없네. 축하의 의미로 한번 꼬옥 안아줄게."

어리둥절하더니 이내 팔 벌려 와락 안긴다.

"아이고 이뻐라. 우리 선영이. 생일 진심으로 축하한다."

힘들고 아프고 신입이 신고식 호되게 치르면서 바이오리듬이 바닥을 기고 있을 때였는데 한 아이의 순수한 마음이 내 피로와 노고를 말끔히 잊게 했다. 멀리 떨어진 교실에서 도서관 선생님을 생각해주는 누군가가 있다는 것만으로도 힘이 난다. 내일 또 열심히 달려야 하는 이유다.

마음을 다해.

힘들 때만 되면 아이들이 힘을 준다. 이상하게 우리 학교 아이들과 텔레파시가 통하는 건지 내가 그때마다 기운이 없어 보였던 건지 가끔 받는 아이들의 손편지는 정말 짜릿하다. 켈로그를 먹으면 호랑이 기운이 생기는지는 잘 모르겠지만 나는 아이들의 격려와 감사, 그 힘으로 6년을 버텼다. (2014년 4월)

처음 같이 일을 했던 독서부장, 독서행사 담당 두 선생님 다 정말 너무 좋으셨다. 동고동락해서, 세 명 다 처음이라서 더 그랬던 것 같다. 내 일인 줄 알고 무턱대고 열심히 했던 나처럼 그랬던 거다. 두 선생님 모두 도서관 관련 업무 초임이라 의욕은 충만하고 도서관 활성화 임무를 부여받은 거라 새롭고 기발하고 획기적인 행사와 이벤트와 수업을 많이 시도했다.

아침 독서 시간 고학년이 저학년 책 읽어주기, 학생독서토론반 운영, 이동도서, 서점체험, 독서 골든벨, 세계 책의 날과 저작권의 날 행사와 각종 체험이벤트, 도서관 활용 수업, 책 밤 행사, 나도 작가 책 만들기 가족 왕 뽑기, 작가와의 만남, 원화 전시, 강사 초청 학부모 교실, 여름방학 독서교실, 학부모 독서토론 동아리 운영, 사서 도우미 지원, 다독자와 다독반 수상제도, 교장 선생님 특별상 제도 등 도서관에서 할 수 있는 모든 것들을 다 했다. 아무것도 모르던 첫해에 아무것도 모르던 사서 도우미는 저 많은 행사를 지원하는 것이 당연하다 생각했고 열심히 도왔다.

학부모 지원 요청을 선생님이 아닌 개인적으로 지인 학부모 그리고 회원들에게 했다. 내가 너무 힘들어서 부르는 거니까 내가 해야 하는 줄 알았다. 밴드에 매번 징징거리면서 도와달라고 떼썼다. 진짜진짜 미안하다고 고맙다고 일 년 동안 백 번도 더 인사했던 것 같다. 사비를 털어서 간식도 사고 밥도 샀다. 그것도 그렇게 하는 줄 알았다. 누가 아무도 알려주는 사람이 없었기 때문이다.

도서관은 연일 만원이었다. 그래도 그때는 즐겁기만 했다. 몸이 아파도 이겨낼 수 있었다. 파이팅 넘쳤으니까. 학교 아이들이 도서관이 달라졌다고 너무 좋아했으니까. 책 보는 아이들이 점점 늘어갔으니까. 우리 도서관에 책이 많아졌다고 신났으니까. 선생님도 학부모들도 서로가 힘이 되어주었고 위로가 되었으니까.

독서부장 선생님, 독서행사 담당 선생님에게 세계 책의 날 행사와 도서 연체자 구출 작전 행사 관련 질의를 올렸다. 그리고 도서관을 초토화시켰던 아침 독서 시간 고학년이 저학년 책 읽어주기 행사의 문제점에 관해서도 메신저로 긴 글을 보냈다.

우리 학교 도서관은 여러 행사가 많은 편이다. 그중 큰 연중행사는 학기별로 한 번씩 있다. 1학기에는 세계 책의 날과 저작권의 날 행사, 2학기에는 독서 골든벨과 지금은 운영하지 않는 책밤 행사이다. 학교가 사서 도우미 체제로 전환되다 보니 많은 행사를 양분하여 도서관 담당 선생님과 독서행사 담당 선생님을 따로 두어 운영을 하였다. 그러나 내 업무는 오히려 더 늘어났다.

두 선생님 업무지시를 같이 받다 보니 일이 배가 된 거였다.

　그러나 선경험이 없던 나는 당연한 일로 받아들였고 그렇게 하는 것이 맞는 줄 알았다. 각각 업무를 맡으신 선생님들조차 도서관 관련 업무가 처음이었으니 앞선 지식이 전혀 없는 상태에서 도서관 실무의 고충은 전혀 이해하지 못하고 계속 지시만 내리는 거였다. 한 가지 업무를 양쪽으로 보고해야 하는 비효율적인 상황들이 자꾸 쌓여갔다. (2014년 4월)

고
사
리
손 이

무
서
워

오전 개관 한 시간 만에 기력을 탕진하고
전쟁 폐허 같은 책 무덤에 쌓여
마지막 날이라는 희망을 등불 삼아
안간힘으로 버텨내고 있을 때
지원단 방문은 봄소식마냥 기쁨이었다.

따사로운 영원은 순간처럼 지나고
외로움을 이겨내며 애써 외면하지만
깜깜해진 복도가 섬뜩해질 즈음
빠른 손놀림과 두뇌 회전력이 원망스럽고
주린 배 배꼽시계는 요동을 친다.

여덟 시에 더듬더듬 꽁꽁 잠그고
복도를 휴대폰 라이트에 의지하면서

세상을 구하고 온 슈퍼맨인 양

착각에라도 빠져야 긴 복도가 짧다.

불빛 하나 없는 귀곡산장을 탈출한다.

처음 치른 세계 책의 날, 학교도서관 행사다. 물밀 듯이 밀려오는 아이들이 '책 속에 숨은 황금 책갈피를 찾아라' 이벤트 참여를 위해 책마다 다 꺼내서 펼쳐놓던 그 많은 고사리손들. 손이, 아이들 손이 무섭다는 걸 처음 맛본 날이었다. 전교생이 한 권씩만 꺼내도 천 권이다. 어디 한 권씩만 꺼냈겠는가. 사서 도우미와 독서토론 동아리 지원단이 수호천사들처럼 나타나 많은 일을 도와주었다. 모두가 한 입으로 쉼 없이 몰려오는 아이들이 무섭다고 했다. 행사를 마치고 남은 일을 끝내니 어느새 창밖이 어둑어둑해졌다. 학교에 또 혼자 남았다. (2014년 4월)

학교 도서관 업무 지원 컨설팅

　내가 잘하고 있는지 걱정이 되셨는지 독서부장 선생님이 도서관 컨설팅을 받으면 어떻겠느냐고 물었다. 학교관리자의 요청으로 이루어졌는지 모르겠지만 사양할 이유도 없었고 아직도 해결하지 못하는 업무가 산재해 있던 터라 흔쾌히 받겠다고 말했다. 일정이 정해진 이후로 업무 틈틈이 질문들을 정리해 놓았다.

　그리고 하루 전날 질문들을 정리해서 문서화시켰고 사서교사 컨설턴트 선생님, 우리 도서관 담당 선생님과 독서행사 담당 선생님도 볼 수 있게 자료를 준비했다. 사서 도우미 지원교육 질문사항 16문항의 구체적인 질문들을 정리하니 5장 분량이나 되었다. 심포지엄 발표 자료같이 좀 거창하긴 했다.

　컨설턴트 선생님은 준비한 서류를 보고 적잖이 놀란 모양이다. 감탄하면서 아직 한 번도 이렇게 정리한 자료와 질문을 받아본 적이 없다고 했다. 칭찬이지 싶어 학교 담당 선생님들 앞에서 면이 좀 서는 기분이었다. 컨설팅은 도서관 관리를 믿고 맡길 수 있는지 자격과 실력을 검증받는 시간 같았다. 그날 만난 김보영 사서 선생님과는 아직도 인연이 이어지고 있다. 정말 큰 선생님을 만났던 것 같다. 이후 사서 인생 전반에 영향을 끼친 귀인이 되었다.

학교도서관 일이 해결되지 않을 때 도움을 요청하는 곳은 크게 두 군데였다. 한 명은 부산교육연구정보원 사서 교육 담당 사서 선생님이다. 부산교육청 소속 초·중·고등학교 학교도서관 사서 도우미 교육을 상설로 하는 정보원 선생님에게 걸핏하면 전화해서 기초적인 질문에 답을 해달라고 괴롭혔다. 하도 전화를 많이 하니 목소리를 알아듣고 '선생님, 안녕하세요. A 초등학교입니다.' 인사하면 '아휴' 한숨부터 내쉬셨다. 그래도 전화하고, 또 전화해서 업무를 익혔다. 엉터리로 할 수는 없으니 매달릴 수밖에 없었다. 한숨짓긴 해도 언제나 친절하게 응대해 주었다.

또 한 명은 학교도서관 컨설팅으로 인연을 맺은 김보영 선생님이다. 컨설턴트 선생님은 학교에 근무하는 똑같은 입장이라 질문하기가 조금 조심스러웠다. 얼마나 바쁜 줄 짐작이 되었기 때문이다. 내 기준으로 판단하기에 도서관 업무는 숨 쉴 틈 없는 일이라 전화 받기도 어렵다 생각되었고, 사서 도우미인 나조차 이렇게 바쁜데 사서 선생님은 오죽하랴 싶었다. 선생님이 먼저 안부를 물어주고 언제든지 연락하라고 따뜻하게 손을 내밀어 주었다. 정말 마음으로 의지가 되었다. 나중에 학교의 요구로 사서 교육원 자격증을 준비할 즈음 미래에 대한 불확실성 때문에 고민 상담을 한 적이 있었다. 우문현답이라고, 가장 원초적인 질문을 다시 보내왔다.

"선생님, 책을 사랑하세요?"

"네."

나는 그렇게 사서 자격증을 준비하게 되었다. (2014년 7월)

일(사서 도우미) 더하기 일(독서교실)

　학교도서관 사서 도우미로 오기 전에 맡았던 복지아동 방과후 독서교실 수업을 학교 복지부장 선생님의 의뢰로 계속 맡고 있었다. 따로 수업 시간을 주는 것이 아니라 도서관에서 도서관 일을 보면서였다. 학부모 사서 도우미가 오후에 두 시간 정도 지원 오는 시간에 수업을 해달라는 것이었다.

　그런데 전반적으로 아주 힘든 학생들이 대부분이다. 가정 형편상 여러 가지 여건으로 학교 교육이 제대로 이루어지지 않아 수업을 따라가기 어려운 학생들인 데다 도서관도 처음이고, 책을 왜 읽어야 하는지도 모르고, 이해하기 싫은 아이들이었다. 수업 태도가 좋을 리 없었다. 도서관에서 소란을 피우기 다반사고 친구랑 싸워서 야단을 치고 벌을 주어야 할 때도 종종 있었다. 도서관 분위기를 제대로 망가뜨리는 학생들이었다.

　그러나 도서관에 오는 학부모 사서 도우미가 지켜보는 가운데 수업을 하는 부담감보다, 도서관 분위기를 엉망으로 만드는 아이들 때문에 책을 읽는 다른 학생들에게 피해를 줄까 미안한 마음보다, 가장 신경 쓰이는 부분은 아이들의 노출이었다. 어쩌면 이미 복지 혜택을 받는 학생들이란 걸 알았을지도 모르겠다. 이 수업에 오게 된 개인 사정이야 어떻든 그들의 사생활을, 초상권을 지켜주고 싶었지만 다른 교실을 허락해 주지 않았고 도서관 안에서 어떻게든 해결하라고 던져놓았다.

만인에 오픈된 도서관에서 그래도 콩나물시루에 물 주듯이, 한 시간이 두 시간 되고 두 시간이 스무 시간이 되도록 정성을 다했다. 책으로 아이들을 바꿀 수 있다는 확신이 있었기 때문이다. 책 속 세상으로 억지로라도 데려다 놓으면 책의 매력을 알게 될 거라고 생각했다. 자신들이 경험하지 못한 세상으로의 초대, 이렇게 좋은 걸 왜 여태 몰랐느냐고 할 정도로 조금씩 물들이고 싶었다. 조금씩 맛보여 주고 싶었다.

여름방학 기간 2014학년도 교육복지우선지원사업 '엄마표 한글 교실' 수업을 맡았다. 1, 2학년 학생 중에 한글을 깨치지 못한 교육복지 대상 학생들만 모아서 수업을 만들었다. 방학 기간 한글 기초를 다져서 2학기 수업을 들을 때 더 뒤처지거나 낙오되지 않도록 하자는 취지였다. 개중에는 본인은 하고자 해도 정말 인지가 안 되는 학생이 있긴 했다. 그러나 학생들의 개별 역량에도 차이가 있지만 근본적으로 공부를 싫어하거나 못하는 게 아니었다. 내심 스스로 '나도 잘하고 싶다'는 욕구가 있는 학생들이었다. 글을 읽어본 경험조차 없거나 할 시도조차 하지 않았을 뿐이었다.

단지 어떻게 해야 할지 방법을 모르고, 책 읽기보다 다른 할 일이 더 많은 환경에 있는 학생들이 대부분이었다. 흥미를 갖도록한 다음 긍정적인 피드백을 지속해서 반복하자 변화가 생겼다. 수업이 끝나면 개인별 평가 기록부에 활동내용 및 수업태도를 항상 기재한다. 서술 평가지에 쓴 M 학생의 활동내용 글은 다른 학생들 평가지보다 배 이상 길었다. 열심히 가르치고 노력한 보람을 갖게 해준 학생이었기에 수업을 마치면서 감회가 남달랐던 것 같다. 읽기도 겨우, 쓰기는 전혀 되지 않던 M 학생은 개학하고 국어 시간 받아쓰기 시험에서 백 점을 받았다. 제일 먼저 도서관으로 달려와 내게 자랑을 하던 M 학생의 성공신화가 학교 선생님들에게 집중 조명되었다. (2014년 9월)

도
서
관
소
식
지
발
행

    도서관 업무 중에서 도서관 소식지 발행은 단연코 최고의 스트레스였다. 많은 시간이 필요했고 항상 새로운 소식을 올려야 하는 압박감에다 마감 날짜가 있는 것처럼 혼자서 아등바등했다. 누가 그렇게 날짜를 딱 맞추라고 한 것도 아닌데 9월 소식지면 9월 초에는 학생들이 받아 볼 수 있어야 한다고, 첫 번째 주를 넘기지 말자고 나만의 기준을 정했다. 방학 8월 한 달은 쉴 수 있었다. 9월 소식지를 준비하면서 독서 담당 선생님들에게 이벤트를 하자고 제안하는 메신저를 보냈다.

    학교도서관이 존재하는 궁극적인 목적은 우리 아이들이 필요할 때 언제나 가까이에 책을 접할 수 있는 환경을 조성하여 책 속의 지혜를 배우고 마음의 양식을 쌓아 건강한 정서 발달을 도모하는 것이다. 정보의 홍수 속에 지식은 필요한 때 언제라도 취하고 득할 수 있다. 단순하게 정보와 지식을 전해주는 책도 있지만, 책 세상은 더 폭넓다. 깊은 책 바다는 삶의 지혜를 깨치게 해준다. 지친 삶에 위로가 되어준다. 평생 친구가 되어주기도 한다. 책의 진정한 가치다.

학교도서관은 학생들이 대상자며 이용자다. 학생들이 이용하지 않는다면 유지해야 할 아무런 이유가 없다. 방학이 끝나면 연체자가 많이 발생한다. 방학 전에 대출한 도서를 깜빡하고 반납하지 않아 방학 기간이 통째로 연체 기간이 되어 버린다. '연체자 구출 대작전'이라는 제목으로 학기마다 이벤트를 한다. 정기 이벤트를 믿고 연체시켜도 별 신경을 쓰지 않는 학생들도 더러 있지만, 대부분 학생들은 정말 고마워한다.

연체 학생은 늘 연체를 한다. 그런데도 학생들 연체를 풀어주자고 제안했다. 연체를 풀면 이용 학생이 많아지니 도서관은 더 바빠진다. 일이 더 많아지는 것이다. 그래도 보고 싶은 책을 빌려보지 못하는 아이들 마음을 너무나 잘 알기에 안타까운 마음이 더 컸다. 도서 회전율과 아이들이 약속을 잘 지키도록 규제해 놓은 그깟 시스템의 구속으로 아이들이 도서관과 멀어진다면 얼마나 큰 손실인가.

'보고 싶어요.' '한 번만 봐주세요.' 애타게 매달리는 아이들을 외면하기란 쉬운 일이 아니다. 사심으로만 치면 연체 날짜 설정을 아예 하지 않았으면 좋겠다. 그래서 구체적인 이벤트 계획도 없으면서 아이들에게는 곧 다가올 '연체자 구출 대작전' 이벤트를 이용해 보라고 달랬다. 그 약속을 지키기 위해서였다.

내가 사서교사쯤 되면 소식지에 어떤 내용을 올려도 최고 발행인으로 나오는 교장 선생님의 사인만 받으면 그만이겠지만 내

위로 층층시하 독서 담당 선생님들 모두에게 항상 의견을 묻고 소식지를 만들어나갔다. 제안을 거절하거나 '이 소식은 빼세요.' '이 소식을 넣어 주세요.' 단 한 번도 수정을 지시한 적이 없었다. 소식지가 완성되면 대부분 거의 그대로 결재가 통과되어 내려왔다. 그해 9월 소식지에 연체자 구출 대작전 이벤트가 만들어졌고 도서관은 또 활기가 넘쳤다. (2014년 9월)

학부모 독서토론 동아리

학교도서관 사서로 일하기 전에는 나도 학부모이다 보니 우리 아이들이 저학년일 때부터 알고 지낸 학부모들이 대부분이다. 그리고 직접적으로 잘 몰라도 한 다리만 건너면 또 아는 학부모였다. 그래서 사실 더 어려웠다. 업무를 원칙이나 규정대로 하자니 일 처리를 왜 그렇게 하느냐는 시선으로 바라보는 학부모들이 '전에 사서 선생님은 안 그랬는데' 비교부터 시작해서 '그냥 좀 해주세요' 하고 매달리는 막무가내형 학부모가 오면 정말 난처하다. 호칭도 그렇다. 친하다며 언니, 동생 말을 놓던 사이에서 갑자기 '선생님' 부르자니 입이 안 떨어졌을 것 같다.

그래도 도서관에 힘든 일이 있으면 학부모 지원 모집도 일사천리로 진행되었고 학부모 회장단부터 도서관지원 독서토론 동아리, 학부모 사서 도우미들도 스스로 조직하고 자발적으로 협조해 주었다. 학부모로서 공감하는 애교심이 발동해서 더 그랬던 것 같다. 그래서 장점도 많았다. 내 일처럼 발 벗고 나서고 힘들

땐 품앗이하듯 서로 도와주었다. 우리 아이들의 꿈을 키우는 도
서관을 그 누구보다 사랑하는 학부모들이었다. 학교도서관의 좋
은 일과 나쁜 일, 행복한 일과 불행한 일 등 길흉화복을 함께하
고 지켜온 긍정적인 지역공동체의 힘, 학연의 힘이었다.

A 초등학교 학부모 독서토론 동아리를 운영했다. 지금도 유지
되는 아주 오래되고 자랑스러운 모임이다. 교육청 동아리 지원
금을 받아서 운영했기 때문에 활동 범위도 확대되고 다양해졌
다. 한편 지원금의 사용처나 용도도 투명하고 알뜰하게 사용해
야 했다. 책을 매개로 하나로 뭉쳐 독서교육과 자녀 양육에 긍정
적 영향을 미칠 수 있도록 부모교육을 우선하고 나아가 건강한
가정을 만드는 디딤돌 역할을 하는 학부모 동아리다.

여러 활동도 훌륭히 해냈지만, 도서관의 각종 행사와 운영에
적극적인 지원과 자발적인 협조가 있었다. 학교도서관에 대한
학교, 학생, 학부모 전체의 관심과 애정을 도모하는 데도 기여를
했다. 1년간 활동을 마무리하며 문집을 만들었다. 문집에 들어갈
프롤로그와 에필로그 글이다.

동화작가 채인선 님의 『아름다운 가치 사전』이란 책을 아시나
요? 그 책은 감사 · 겸손 · 마음 나누기 · 믿음 · 배려 등등 삶의 지
표가 되어 줄 소중한 가치들을 소개하고 있습니다. 아주 좋은 책
입니다. 그러나 다른 한편 그 책을 볼 때마다 우리 아이들이 배려
도, 마음 나누기도 다 책으로 배워야 한다는 생각에 좀 씁쓸해지
기도 합니다. 아이들뿐만 아닙니다. 성인용 도서들에도 관계니

배려니, 긍정의 힘이니 하는 도서들이 서점의 한 코너를 차지할 만큼 많이 있습니다. 그만큼 현재 우리에게 부족하다거나 인식의 중요성을 느낀다는 의미일 겁니다. 그런데 이 모든 가치를 함께 느끼고 실천했던 모임이 있습니다. 바로 A 초등학교 독서토론 동아리입니다. 그리고 그들과 함께한 것이 무척 자랑스럽습니다.

적은 인원도 아닙니다. 학부모 12명과 그 자녀들까지 언제나 많은 식구가 함께했지만 어느 한 사람 낙오 없이 서로 끌어주고 밀어주며 궂은일 즐거운 일 함께하면서 지나온 일 년이었습니다. 각기 다른 환경 속에서 각각의 개성이 뚜렷했기 때문에 과연 얼마나 이어질까 하며 반신반의했던 모임이 공통분모를 만들어간다는 건 결코 쉬운 일은 아니었습니다. 누군가는 소리 없이 양보하고 또 누군가는 말없이 빈자리를 채웠기에 가능했습니다. 무엇이 이끌었는지 무엇에 이끌렸는지 알 수 없지만 확실한 것은 한 사람의 힘으로는 결코 할 수 없는 여러 일을 무사히 그리고 아주 잘 해냈다는 것입니다. 우리는 하나가 되었고 책으로도 다 배울 수 없는 소중한 가치들을 몸소 경험하였습니다. 더군다나 그 결합의 매개체가 책이었다는 사실이 더욱더 기쁩니다.

책은 훌륭한 스승이자 친구입니다. 데카르트는 '좋은 책을 읽는다는 것은 과거의 가장 훌륭한 사람들과 대화하는 것이다'라고 했고, 시드니 스미스는 '책을 읽을 때 당신은 항상 가장 좋은 친구와 함께 있다'라고 했습니다. 이처럼 정말 좋은 책을 읽었을 때는 내 마음의 지지자이자 후원자를 만난 것처럼 형언할 수 없을 정도의 희열을 느낍니다. 제가 살아온 날들이 그리 긴 시간은 아니었지만 제게 있어 책의 의미는 망망대해를 표류하며 갈 곳 잃은 인생의 항로를 알려준 등대와 같았고, 고난과 시련이 있었을 때 상처를 어루만져주던 마음 수양지였으며 오만과 편견으로 세상과 담을 쌓고 은둔하고 있을 때 문을 열어 소통하도록 손을 내민 인생의 멘토였습니다. 이번에 책이 제게 안겨다 준 선물은 독서토론 동아리 가족입니다.

얼마 전 SNS에서 읽은 글에 가정에서 엄마가 아빠에게 바라는 건 아무것도 없고, 다만 엄마가 얘기하면 "응! 그래서 어떻게 됐어?"라고 한마디만 해주면 다 된다고 합니다. 혈연관계의 가족이라고 늘 마음을 다 내어놓고 이야기를 하는 것은 아닙니다. 공감하는 소통이 중요하다고 생각합니다. 때로는 사소한 것으로 싸우고 우울할 때 같은 입장에서 들어주고 끄덕여주면서 우리 회원들은 또 하나의 가족이 되었습니다. 같은 책을 함께 읽고 토론하며 서로의 생각을 알게 되었고 차이점과 공통점을 찾는 과정에서 방법은 조금씩 다를지라도 자녀, 가족, 사회에 대한 우리의 마음은 하나임을 알게 되었습니다. 부모 모습을 똑같이 닮은 아이들 모습에서 우리를 발견하고 반성했습니다. 서로의 모습이 비계를 형성하여 우리가 나아갈 방향을 알려주었습니다. 학습을 강요당하는 학생을 둔 학부모가 아니라 건강하고 행복한 아이들을 둔 부모가 되기 위해 오늘도 배웁니다.

독서토론 동아리 회원 여러분께 온 마음으로 감사드립니다.

함께여서 정말 행복했습니다.

프롤로그, 「함께여서 행복했습니다」

시인 용혜원 님의 「가족」에 나오는 '하늘 아래 행복한 곳은 나의 사랑 나의 아이들이 있는 곳입니다.' 시 구절이 떠오릅니다. 이미 가족처럼 친해진 우리 회원들과 우리 아이들이 함께해서 더욱 행복했던 한 해였습니다. 우리가 했던 일을 돌아봅니다. 원북 원부산 선정 도서 선포식을 출발로 세계 책의 날 관련 행사 도우미, 시인 초청의 밤 행사 주관, 보수동 책방 거리 체험, 김성종 추리문학관 탐방, 영화랑 책이랑 문화체험, 타 초등학교 독서 동아리 운영 참관, 삼랑진 '토끼와 옹달샘' 숲속 도서관 기행, '책과 노니는 집' 가족 독서발표회, 동화작가 초청 강연회, 도서관 사서 도우미 지원 이외에도 매달 '책 읽어 주는 엄마, 철학 하는 아이'로 1, 2학년 독서 분위기 조성과 학교 독서주간 행사에도 중추적인 역할을 담당하였습니다. 행사를 하나씩 치를 때마다 서로 간의 신뢰는 더욱 깊어졌고 진심 어린 온정을 나누었습니다. 새로운 자질을 발견했고 능력의 한계를 찾지 못할 만큼 실력을 발휘했습니다. 서로의 장점을 찾아내며 격려와 응원으로 힘을 주었습니다. 아낌없는 지원을 해준 회원 한 분 한 분에게 다시 한 번 머리 숙여 감사드립니다.

여러분 덕분에 할 수 있었습니다. 정말 고맙습니다.

에필로그

이때 함께했던 회원 중 한 명은 서울로 이사를 하였고 다른 한 명은 싱가포르로 이민을 갔다. 또 다른 두 명은 부산의 다른 동네로 이사를 했다. 그런데도 아직 SNS로 연락을 하고 가끔 전화로도 안부를 묻는다. 부산에 오게 되면 연락도 하면서 첫 만남의 소중함을 잊지 않는다. 부산의 다른 동네로 간 두 명은 아직도 토론 모임이 있는 날이면 우리 동네로 모인다. 정말 얼마나 고마운지 모르겠다. 힘들게 일하는 모습을 보고 마음 아파하고 격려해주고 고생을 같이해준 사이여서 그냥 믿고, 무조건 믿는다. 나만 힘든 건 아닐 거다. 모두 다 힘들고 어렵다. 그럴수록 서로 격려하고 어깨도 마음도 내주며 손을 잡을 수 있는 이웃이, 친구가 있다는 것은 우리의 위로이며 힘이다. '잘 지내고 있제?' 오늘 모두에게 안부 인사나 돌려야겠다. (2014년 12월)

(상략) "학교의 주인이 누구입니까? 학생들입니다." 이 말씀에
여태껏 있었던 파격적인 학교 운영의 해답이 있었다. 운동회든
학예회든 학생들이 주축이 되어 움직이고 학생들이 힘들게 연습
한 걸 가지고 기량을 뽐내는 자리건만 그동안 학생들은 선후배
공연 모습도 제대로 감상할 수 없었다. 앉을자리가 없어 작은 키
로 학부모들 등만 보거나 학부모들께 스탠드 자리를 양보하고
교실에서 무거운 의자를 들고 올라왔다 내려갔다 반복하며 시작
부터 끝까지 학생들을 힘들게 했던 학교 행사들이었다.

이제는 달라졌다. 우리 학교는 학생들이 가장 존중받는 학교,
그 학생들을 가르치는 선생님이 교육에 전념할 수 있는 학교, 학
부모가 자발적으로 참여하여 학교 운영에 관심을 가지고 적극적
으로 지원하는 학교다. 학생, 선생님, 학부모가 삼위일체가 되어
아이들이 밝고 건강하게 꿈을 키우는 곳이다. 학교의 주인을 제
대로 찾은 학교가 된 것이다.

"완전 난장판이네요."

두어 달 전에 있었던 일이다. 다른 학교 교장 선생님의 방문이 있었는데 교장실 모습을 보고 놀라며 그렇게 말했다고 한다. 학예회를 앞두고 학부모가 게시판과 학예회장인 강당을 꾸미기 위해 조형물 작업을 하느라 온갖 자재가 널브러져 있었고 작업을 하는 학부모들로 인해 북새통이었다. 학교 일을 도와주는 어머니들을 위해 작업장으로 사용할 수 있도록 선뜻 교장실을 내어준 것이다. 우리 학교를 방문한 다른 학교 교장 선생님은 '정말 대단하시다. 어떤 분이 이렇게 하시겠냐?'며 치하했다고 한다.

또한 교장 선생님은 단순히 자리만 빌려주면서 지시하고 명령하는 것이 아니라, 같이 동참하여 직접 작업을 한다. 도안을 고르고 칠을 하고 장소를 선정한다. 교장 선생님의 타고난 부지런함과 예술적 감각을 총동원한 작품들이 학교 곳곳에 전시되어 구석구석 세심한 손길과 노력이 빛을 발하는 아름다운 환경의 학교로 변모하게 한 주역이다.

우리 학교 최고 멋쟁이기도 하지만, 학교 중요사안을 결정하느라 학교 업무만으로도 밤낮없이 바쁜데 학교를 위하고 학생들을 위해 잠시의 쉬는 시간도 없이 학교에서만큼은 늘 작업복 차림으로 동분서주한다. 최고의 학교로 만들기 위해 대외적으로는 다방면으로 홍보도 하고 교육개혁을 위해 긍정적인 변화를 시도하며 늘 고민한다.

그뿐만이 아니다. 학생들을 위해서는 어떠한 지원도 아끼지 않으면서 학교 행정의 원활한 운영을 위해 절약 정신을 몸소 실천하기도 한다. 냉난방으로 인한 필요경비를 최소화하기 위해 교장 선생님 방은 언제나 불이 꺼진 채다. 겨울에도 히터를 틀지 않아 두꺼운 파카를 입고 업무 보는 걸 종종 목격했다는 학부모들이 많다.

교장 선생님 모습을 보면 진정한 리더에 대해, 훌륭한 리더십이 무엇인지에 대해 생각하게 된다. 미국의 경영학자 피터 드러커의 저서에 '내가 함께 일했던 탁월한 리더들은 대부분 키도 크지 않고 특별히 잘생기지도 않았다. 연설도 대개 보통 수준으로 그다지 돋보이지 않으며, 똑똑한 머리나 달변으로 청중을 매료시키지도 못했다. 그들을 구별 짓는 것은 명료하고 설득력 있는 생각, 깊은 헌신, 끊임없이 배우려는 열린 마음이다.'라는 구절이 있다. '잘생기지도 않았다'라는 말은 해당하지 않지만, 우리 교장 선생님은 '진정한 리더'에 합당한 분인 것 같다. (하략)

우리 학교 교장 선생님은 대체로 퇴임 직전에 부임하는 경우가 많았다. 그래서인지 모르겠지만 변화와 개혁에는 상관없이 항상 선대의 전통만을 따르고 유지하는 학교 운영을 지속하였다. 그것이 나쁜 것만은 아니지만 아이들과 학부모의 시선에서는 정체된 학교 이미지가 컸다. 그런데 교장 선생님 한 사람의 변화로 학교 전체가 생동감 있게 꿈틀꿈틀, 들썩이는 분위기로 바뀌기 시작했다. 물론 학부모의 반응이 폭발적이었다. 어느 단체나 모임에도 찬성과 반대는 있다. 그렇기에 일부 변화를 거부하는 의견이 나오기도 했지만 백 퍼센트가 다 동조하는 건 아니더라도 많은 수의 학생과 학부모들의 호응과 지지는 열렬한 팬층이 생길 정도였다. 학교를 사랑하는 나로서도 무척 반가운 일이었다.

학교의 위상을 세워주고 긍정적인 변화의 바람을 몰고 온 교장 선생님이 무척 고마웠다. 그래서 교장 선생님 노고에 대한 감사 마음을 전달하고 힘내시라는 응원 차원에서 나름의 표현을 하고 싶었던 차에 부산교육청 홈페이지 '칭찬합시다' 코너에 「C 교장 선생님, 너무하시는 것 아니에요?」 제목으로 글을 올렸다. 당시 글의 파장은 대단했다. 우리 학교명이 교육청 본청에 회자하는 것 자체가 좋았던지 교감 선생님이 그 글을 퍼 와서 전체 메신저에 공지 글로 올렸다. 학교 선생님들의 축하 인사 메신저로 업무가 마비될 정도였다. 학교 홈페이지 연혁에도 소개되어 있다. 세상은 여전히 힘들고 학교도 달라진 건 없다. 그래도 교장 선생님 같은 좋은 선생님들이 최선을 다해주시기에 우리가 여전히 희망을 품을 수 있는 건 아닐까? (2015년 1월)

빨리 퇴근하고 싶어요

이 메신저를 왜 도서관 담당 부장 선생님에게 보냈는지 모르겠다. 파워가 꽤 있어 보였나 보다. 내 계약의 여부, 사서 도우미 업무에 관해서도 대략 파악하고 있는 직속상관이니 그랬겠지만, 돌봄교실 수업은 전혀 다른 방과후 부장 선생님이 맡은 일이었다. 작년에 맡았던 복지 수업이 아닌 방과후 돌봄교실 3학년 반이 신설되자 담당할 사람이 필요했고 도서관이라는 장소가 있으니 아이들 돌봄교실을 맡아달라고 했다. 그런데 공식 근무시간이 한 시간이나 늘어나 있었다.

독서부장 선생님께
제일 먼저 교장 선생님이 직접 도서관에 와서 복지예산이 많이 줄어서 수업을 줄 수 없으니 대신 돌봄 수업을 해주겠냐고 물었습니다.
"3, 4학년 아동들 도서관에서 데리고만 있으면 됩니다. 수업은 안 해도 됩니다."

"네, 알겠습니다."

교육복지 담당 부장 선생님과 통화할 때만 해도 전혀 그런 내용은 없었습니다.

"방과후에 아동들 데리고 있으면서 전에 하던 만들기 수업이나 독서지도 수업을 조금 병행해주면 됩니다. 수업 준비를 하거나 계획서 등 따로 만들어야 하는 건 없습니다.'

"네, 알겠습니다. 해보겠습니다."

너무 단순하게 생각하여 일의 경중이나 전후 상관없이 말했습니다만 이제 생각해보니 제가 새롭게 해야 할 일이 어떤 것인지 알아보지도 않고 대답을 했던 것 같습니다. 이번에 제가 다시 여쭤보니 교육복지 담당 선생님은 복지 수업이 아니라서 구체적인 내용을 모른다고 했습니다. 방과후 전담 선생님이 작성한 방과후 안내 책자에 시간과 내용이 나와 그제야 제가 하는 업무가 무엇인지 파악하게 되었습니다.

이미 유인물로 공지가 될 때까지 제가 할 일을 파악조차 못 하고 있었던 우매함에 답답하기만 합니다. 그러나 누구도 자세히 말해주는 선생님이 없었고 책자에 나가기 전이라도 먼저 말해주었다면 이 일을 맡지 않았을 겁니다. 프로그램 안내 책자에 소개된 방과후 돌봄 시간 5시까지가 제 업무시간인지 어제 방과후 담당 선생님에게 문의하고 알게 되었습니다.

선생님 말씀으로는 3, 4학년 대상이며 요구조사 시에 14명 정도 신청 예상하지만 정확히는 모르고, 모두 방과후 수업을 하는 학생들이니 시간 관리하고 출석 체크하면 될 것이라고 했습니다. 하지만 전에 하는 업무도 아닌 데다 도서관 업무 보면서 복지 수업을 할 때도 너무 바쁘고 힘들었던 걸 생각하니 속상하고 지금 심정은 막막할 뿐입니다.

긍정적으로 생각하면 여러 선생님이 제게 좋은 기회를 주는 것이지만 제 역량이 부족함에도 하겠다고 말을 앞세웠던 것이 후회되고 도서관 관리나 오후 돌봄 어느 하나도 제대로 못 해낼 것 같아 걱정입니다. 잘하지도 못하지만 제 성격이 지나치게 꼼꼼한 탓에 대충 하지도 못해 맡은 일은 다 해야겠고 해낼 일은 태산 같고 사면초가에 빠져 혼자 고민 중입니다.

도서관 업무도 복잡하고 과중하여 작년에 퇴근 시간을 지킨 적이 별로 없었습니다. 거기에다 청소와 도서 정리를 도와주던 도우미도 없고 방학 중 복지 수업이 없는 상태에서 오롯이 혼자 도서관 업무만 매달리는 데도 일과가 너무 바쁩니다. 제가 약속한 말에 책임을 못 져서 너무 죄송하지만, 혹시라도 수정 가능하다면 의논하셔서 업무를 조금 줄여주셨으면 합니다.

마음만으로 다 해낼 수 없다는 것을 일하면서 절실히 느꼈습니다. 평소 잘 아프지도 않던 제가 늘 감기를 달고 있고, 여기저기 아픈데도 말을 못 하고 있었는데 이대로는 힘들 것 같습니다. 지금 제가 개인적인 공부를 시작하여 집에서도 편히 쉴 수 있는 입장이 아니고 딸아이도 학원 공부를 시킬 형편이 아닌데도 도와주지 못해 방치하고 있습니다. 돈을 바라고 시작한 일은 아니지만, 조금이라도 보탬이 될까 하여 다 하지도 못할 일을 욕심 부린 것 같습니다. 죄송합니다만 재고해주십시오.

2014년, 계약서상 근무시간이 아닌 비공식적인 가계약 근무시간은 오전 8시부터 오후 4시까지다. 그런데 마치는 시간 전에는 도서관 업무 특성상 청소를 미리 한다거나 마칠 준비를 미리 할 수가 없다. 폐관을 알려도 책을 덮을 수가 없어 한참을 더 보고 가는 학생, 부랴부랴 뛰어와서 방과후 수업을 듣고 오느라 늦었다며 미안해하는 학생들을 뭐라고 할 수도 없다. 여차여차 사연 있는 학생들이 다 돌아간 뒤에 청소를 시작한다. 복도 공간을 포함한 두 개 교실 크기라 쓸고 닦고 시간이 제법 많이 소요된다. 퇴근 시간 한 시간은 훌쩍 지나 있다.

종일 일해도 워낙 박봉인 수고를 알아주셔서 내린 결정이겠지만 교장 선생님과 교육복지 부장 선생님의 배려가 나에게는 짐이 되었다. 그나마 복지 수업은 도서관에 오기 전부터도 맡아 하던 일이라 도서관을 지키며 하더라도 큰 무리가 없었다. 일주일에 두 번이었고 전체 업무시간 중에 오후 한두 시간 학부모 사서 도우미가 지원 오는 시간에 도서관 그림책 방에서 수업이 이루어졌기 때문에 별 어려움이 없기도 했다. 도서관이 수업 때문에 조금 소란스러웠으나 책과 함께 여러 활동이 이루어졌기에 이질감 나는 소음은 아니어서 그럭저럭 꾸려나갈 수 있었다.

그 수업을 함으로써 수업료를 조금 챙길 수는 있었지만 두 가지 일을 해야 하는 나는 지치기 시작했다. 지원 오는 학부모 사서 도우미가 정한 시간에 오지 않은 날은 수업하면서 도서관 업무도 병행해야 하는 일이 많았다. 동아리 회원 사서 도우미 몇 명을 제외하고 반마다 각출 지원한 다수의 학부모 사서 도우미는 한두 달 만에 도서관에 와서 잠깐 하는 일이라 수업 중인데도 불러내어 시스템 사용과 도서 정리에 관해 물어보는 일이 다반사였다. 멀티형이 아닌데 일을 다 하려니 화장실 가는 시간이 아니고는 숨 돌릴 시간도 없었다.

그래서 그랬다. 새로 개설된 3, 4학년 오후 돌봄반 학생들을 도서관에서 맡아 데리고 있으면 된다고 한 관리자 입장에서는 오랫동안 학교 일을 봐주는 도서관 지킴이에게 돌봄 수업료를 지급하여 어떻게든 물질적인 보상의 은혜를 베푼 것이다. 그러나 고맙지만 하나도 기쁘지가 않았다. 더군다나 도서관 업무로 지칠 대로 지친 상태에서 오후 돌봄 수업을 마치는 시간이 오후 5시였기 때문에 내가 체감하는 새로운 업무 부여는 도서관 체류 시간만 연장되는 것이었다.

또한 2012년도에 학교 '엄마품멘토링'을 하면서 방과후 학생 돌봄 경험이 있었기에 어떤 일인지 알았고, 그 때문에 대충 할 수도 없었으며 대충 할 일도 아니었다. 돌봄 학생들은 방과후 시간도 제각각이어서 수업 시간을 계속 체크해야 하고 하교 지도까지 해야 한다. 성적이 부진하면 공부도 가르쳐야 하고 각 반의 다른 숙제를 하기 위해 알림장도 모두 살펴야 하는 등 학년에 상관없이 그림책이나 동화책으로 하는 일반적인 독서수업과는 또 다른 차원이다.

독서부장 선생님에게 수업을 못 하겠다고 하소연하듯 올린 글은 그냥 글로 끝나버렸고, 결국 예정대로 돌봄 학생을 맡게 되었다. 예상대로였다. 정말이지 2015년 새 업무는 도서관 업무를 줄여주거나 다른 교실에서 돌봄 학생들만 관리하는 것이 아니라 복지 수업처럼 똑같이 도서관에서 모든 업무를 하고 학부모 사서 도우미가 없는 시간에도 계속 학생들을 살펴야 했다. 학부모 사서 도우미와도 수시로 연락을 해야 했고 학교에도 처음 생긴 반이라 필요한 서류 양식, 수업 자료조차 일일이 만들어 써야 했다.

그 긴 시간이 허투루 지나진 않았다. 한 해를 운영하면서 소기의 성과를 이루었다. 우선 학부모 독서토론 동아리의 다양한 활동으로 인해 교육청 우수운영 동아리로 선정되어 회원들을 이끌었던 동아리 대표가 부산교육연구정보원에서 우수운영 사례 발표를 하게 되었다. 회원들의 기증 도서로 아이들이 좋아하는 책이 다양해지자 자연스레 학생들이 찾아주었다. 도서관이 활기 넘치고 깨끗하고 좋아졌다는 학부모들의 다양한 피드백이 돌아오자 학교관리자의 시선도 달라지기 시작했다.

그리고 지난여름, 수업 부진아를 대상으로 한 독서 수업에서 글을 깨치지 못한 M 학생이 받아쓰기 백 점을 받았고, 이는 1, 2학년 선생님들 사이에 알음알음 소문이 났다. 학생의 담임 선생님뿐만 아니라 수업을 기획했던 복지부장 선생님과 교무부장 선생님도 알게 되어 축하해주었다. 급기야 교사용 급식실에서 식사 중에 그 소식을 전해 들은 교장 선생님에게 불려가 많은 선생님이 보는 앞에서 칭찬을 받기도 했다.

개인적인 일이긴 하나 부산시 교육청에서 실시한 '2014 사교육 없는 자녀교육 실천 우수 사례'에 공모한 글이 선정되어 부산광역시 교육청에서 열린 수상식에 참석하였다. 그런데 수상식 장면이 마침 중앙일보에 크게 보도되었고, 그 기사가 다시 부산 교육청 뉴스에 올라온 것이 계기가 되어 소문이 나버렸다. 재학 중이던 딸아이와 나는 학교 선생님과 학부모에게 많은 축하 인사를 받게 되었다. (2015년 2월)

개교기념일에도 일해요?

글 쓴 목적도 글의 대상도 모르겠는 뜬금없는 글이 한 번씩 있다. 어딘가에 소리치고 싶었던 것 같다. 그러나 입틀막! 소리 없는 아우성이다.

사람은 첫 번째로 신뢰 관계가 가장 우선이라 생각하고 있는 나에게 커다란 충격이 아닐 수 없었습니다. '개교기념일에 연가를 올리고 쉬어라.' 제가 계약직도 아니고 근무 일수나 근로 시간을 초과해도 아무 말 없이 해오고 있었는데 근로를 더 많이 한 것에 대한 보호는 없고 쉬는 시간만은 정확하게 챙기려고 하는 행정은 잘못되었다고 생각합니다.

제가 받은 임금이 작년 경우만 하더라도 공식적 계약상 근로 시간은 하루 3시간 내지 2시간으로 합계 주 14시간이고 한 달 기준 56시간 근로 시간에 496,500원입니다. (사서 도우미 시간당 임금은 절사하여 8,800원) 그러나 제가 실질적으로 일하는 비공식적

가계약된 시간만으로도 8:00부터 16:00까지 총 8시간 근무입니다. 이 시간을 주 5일로 계산하면 40시간이고 다시 한 달을 계산하면 160시간이 됩니다. 여기에 2014년도 시간당 최저 임금 5,210원을 계산하면 833,600원입니다.

교장 선생님이 말했듯이 최저임금으로 일하는 정도라고 했습니다. 물론 복지예산으로 지원받은 수업료를 더하면 임금을 근근이 맞추긴 하겠지요. 그러나 제가 작년에 퇴근 시간 4시를 지켜서 나간 것은 열 손가락 안에 꼽을 만큼 늘 야근이었습니다. 평균 퇴근 시간은 6시이고 야간 주사님에게 확인하면 알겠지만 학교 전체에 혼자 남아 일한 것도 부지기수였습니다. 토요일도 학부모 토요 도우미 지원 약속을 지키지 않았을 때나 도서관 업무가 원활하게 이루어지지 않았을 때는 연락받고 즉시 뛰어나온 것도 여러 차례 됩니다.

당연히 상사의 명령이나 업무 지시가 있을 때는 수행하는 것이 맞으나 상사가 두 명인 데다가 두 명 업무가 각각 달라 요구사항도 다르고 각각의 독서 관련 행사도 다양하여 두 선생님 오더를 받고 수행하는 것만으로도 벅찹니다. 그런데다 워낙 학급 수가 많은 학교이고, 학교 행사가 많아 사서 도우미가 하는 가장 기본적인 대출, 반납, 도서 정리만으로도 늘 쉴 틈이 없는데 각종 독서 관련 행사가 있을 때 보조 업무, 행사 준비물 제작, 도서 보유 수 파악, 신간 도서 입고 시 등록 업무 및 도서 라벨 부착 작업, 이동 도서 선별, 골든벨 출제 문제 검증, 독서토론 동아리 평생교육 수업 및 운영, 신학기 진급 처리, 대출증 발급 업무, 복본 도서 재고 파악, 매월 발간하는 지혜관 소식지, 도서관 청소, 환경 꾸미기, 도서 통계 산출 보고 등의 업무를 하려면 야근을 하지 않고는 다 할 수가 없는 일들이었습니다.

그리고 계약서상에 있는 근무 내용은 결코 일반직이 할 수 있는 업무가 아니고 전문성을 필요로 하는 일임에도 정보원에 전화하고 타 학교 사서 선생님에게 전화해 도와주십사 부탁하면서 제가 맡은 소임을 다하고자 했고 제가 도서관에 와서 도서관 업무에 차질이 생기거나 민원이 없도록 저를 믿고 맡겨준 교장 선생님에게 도리를 다하고 폐를 끼치진 않아야 한다는 일념으로 힘든 일들의 연속이었지만 밤 9시 깜깜한 복도를 휴대폰 불빛에 의지하며 어둠을 헤쳐 나가도 다음 날 또 어김없이 나올 수 있었던 힘의 원천은 사명감이고 책임감이었습니다.

교장 선생님이 도서관 사서 업무를 맡아 해보지 않겠냐고 처음 말씀하실 때 엄청나게 기뻐하며 좋아했던 것도 제가 책을 정말 좋아하기 때문입니다. 그런데 일 년 동안 읽은 책은 겨우 토론동아리를 위해 읽은 12권 남짓입니다. 그것도 학교에서는 읽을 시간이 전혀 없어 책들이 가까이에 이렇게 많아도 책 표지만 볼 뿐 책을 펼쳐 볼 시간은 엄두도 내질 못했습니다. 집에 빌려와서 읽으려 해도 종일 업무에 시달리고 집에서는 다시 가사 일에 시달려 책을 펼칠 힘도 없을 만큼 녹초가 되었습니다. 책 읽는 시간은 그야말로 사치였습니다. 이렇게 일 년을….

글쓰기는 형체도 없고 대답도 없는 대상에게 보내는 하소연이 되었다가 자기반성의 일기가 되기도 했다. 이날 글쓰기는 바빠서 그랬는지 쓰다가 말았다. 여러 가지로 한참 성토를 하는 분위기였는데 중간에 뚝, 끊겼다. 미완으로 끝난 걸 보면 누구한테 보낸 글은 아니지 싶다. 그래서 그때 어떤 사건이 있었는지 구체적으로 생각나진 않지만 쓴 글의 시기와 내용으로 짐작건대 학교의 개교기념일이었다. 방과후 수업도 돌봄도 학교의 모든 수업을 쉬는데 도서관만은 개관하라는 학교관리자들의 지시가 있었다. 그리고 쉬려면 '연가'로 나이스 결재 올리라는 내용을 전달받았던 모양이다. 지금 생각해도 참 너무했다 싶다. 그래서 마구 썼나 보다. (2015년 4월)

선생님 자랑대회 시상식

그렇게 또 한 해를 보냈다. 무엇을 이뤘는지, 무엇을 누렸는지 아득하다. 힘든 일이 닥쳤을 때는 크게 다가오지만 지나고 보면 아무것도 아닌, 다 하나의 과정인 것 같다. 힘들기도 했지만 보람 또한 있었다.

부산광역시 교육청에서 주최하고 부산지역사회교육협의회가 주관한 제자 사랑, 스승 존경 2015 선생님 자랑대회 '선생님 우리 선생님!' 공모가 있었다. D 교감 선생님이 추천해서 알게 되었고 지난번 교육청 '칭찬합시다'에 올린 글 그대로 한번 응모를 해보라고 권유하셨다. 전혀 생각지도 않은 일이었지만 있는 글에서 일부 보충해서 올렸다. 결과는 뜻밖이었다.

선생님 자랑 글로 교육감상
엄지척 물결 칭찬 파도타기
교장샘 특별 초대 진수성찬

딸내미 감동 눈빛 스캔하기
그날의 떨림 감동 기억하기
시상식 현장 길이 보존하세

부산남부교육지원청 대강당에서 제자 사랑·스승 존경 2015 선생님 자랑대회 시상식이 있었다. 글을 쓴 나는 고마운 학부모 상 중등부문 교육감상을 받았고, 글의 주인공인 C 교장 선생님 은 자랑스런 스승상 교육장상을 수상했다. D 교감 선생님 이하 부장 선생님들과 독서부장 선생님 모두 참석해서 축하해주고 교 장 선생님이 초대한 저녁식사도 함께했다.

학교 서관 건물 끄트머리에 위치한 도서관에서 별채 지기 사서 도우미가 마법사 주술로 공주가 된 신데렐라처럼 주인공이 된 체험은 너무 떨리고 특별했다. 학교 행사에서 사진 촬영을 담당 하는 부장 선생님이 시상식 장면 사진을 특별히 챙겨서 보내준 것도 감사했다.

딸아이는 이미 중학생이었기에 학부모 자격으로 참여하기 위 해 진학한 중학교 이름으로 접수했었다. 교육청에서 중학교로 참가공문을 보내 학교에서 조퇴를 허락받고 온 딸도 시상식에 나란히 같이 앉아 있었다. 사춘기 아이들에게 흔한 반항적인 눈 빛이 아니라 존경과 경이로움을 담아 엄마를 바라보는 딸아이의 눈빛이 내게는 가장 큰 선물이었다. 그 마음으로 짧게 소감 시를 남겼다.

가족 모두 연말연시는 잔칫집같이 풍성했다. 열심히 뛰고 달린 결과물들이 돌아왔다. 나라의 부름으로 의경에 지원한 아들은 논산 육군훈련소 4주간의 훈련과 지방청 교육센터훈련소 신임 의경과정까지 무사히 마치고 자대배치를 받았다. 랜덤 추첨방식, 소위 뺑뺑이로 발령받은 곳이 차로 20분 거리 X 경찰서 방범순찰대이다. 입소 전 알바를 해서 모은 용돈으로 외조부모님 모시고 해외여행 다녀오기, 나이 차가 많이 나서 평소 놀이 코드가 맞지 않았던 여동생의 소원인 놀이공원 데려가기, 혼자 여행하기 등 버킷리스트를 하나하나 실천하고 간 의젓하고 듬직한 아들이다. 주소지 가까이 배치받은 의경은 아들밖에 없다니 착한 사람이 복을 받는 게 맞는 모양이다. 손 뻗으면 닿을 거리에 복무한다니 마음 든든하고 감사했다.

정보영재원 중 1과정을 마친 우리 똑순이, 즐기는 자를 따를 자는 없다더니 일반 교과학습에 대한 일주일 피로를 정보 수업에서 다 풀고 오는지 토요일은 깨우지 않아도 일어났다. 그렇게 일 년 동안 토요일을 반납하더니 정보교육원에서 열린 수료식에서 최종평가 결과, 우수상 수상자에 딸이 호명되는 영광을 누렸다. 기대 없이 예고 없이 받은 상이라 더없이 기쁘고 감사했다. 학교 학예회 때는 자신의 작품이 많이 걸려 있는데 한번 보러 오지 않는다고 성화였다. 일하느라 바쁘다는 핑계로 학교생활이 어떤지 살피지 못한 무신경한 엄마였기에 수업 시간에 충실히 해온 결과물들의 실력도 실력이거니와 놀멍놀멍 하던 아이의 숨은 노력이 더 대견하고 기특하기만 했다. 자신이 좋아하는 것을 하고 그 결과로 보상까지 받으니 앞으로의 진로 방향을 모색할 때도 스스로 어떤 결정을 내려야 할지 깨닫는 소중한 경험이 되었길 소망해본다.

겨울방학이 끝난 2월 초부터 학년말 방학이 시작되는 중순은 재학생들의 전입 전출이 가장 많은 시기이며 졸업과 진학, 신입생 입학 준비, 다른 학교로 전근 가는 선생님들의 근무지 이동 등 새로운 시작을 위한 준비를 해야 하기에 연중 가장 바쁜 기간이다. 학교 방학과 상관없이 도서관은 방과후 수업을 위해 등교하는 아이들의 쉼터이자 학습장으로 일상은 여전히 이어졌다. 일반 업무와 함께 새 학년 준비도 해야 했다. 완결된 전출입 장부를 대조하여 재학생과 전학생의 정확한 학생 수를 파악해야 진급 처리 시 오류를 줄일 수 있어 재차 확인 작업을 한다. 새 학년 학생명부를 시스템에 등록하고, 진학 학반에 맞는 도서관 이용 학생대출 카드도 새로 발급하고, 학부모 사서 도우미 지원서를 검토 수정하고, 신입생 도서관 이용 방법 수업을 준비해야 하는 등 처리해야 할 업무로 도서관도 가장 바쁜 기간이다. (2015년 12월)

달라진 근무 시간

독서부장 선생님과 2년을 함께하면서 서로를 더 잘 이해하게 되었다. 나름의 고충을 얘기하면 귀 기울여주려고 노력하는 모습에 더 열심히 하게 되었다. 그렇게 조금씩 개선해나갔다. 정이 흠뻑 들어 아쉬운 마음에 그랬는지 다른 학교로 전근이 예정된 독서부장 선생님에게 도서관의 소소한 일로 글을 올렸다. 독서부장 선생님이 도서실에 왔다.

부장 선생님이 '올해도 계속해서 도와주실 거죠?' 하고 물었다. 그러면서 C 교장 선생님과 D 교감 선생님이 내게 기회를 주려고 한다고, 사서 자격증을 준비해 오면 계약을 새롭게 해줄 거라는 말을 전했다. 자격증을 준비할 동안은 오전이든 오후든 반 일만 근무하면 된다고 했다. '그동안 고생 많이 했는데 너무 잘됐다'며 부장 선생님 자신이 더 반갑고 기분 좋게 내용을 전달해서 그것이 좋은 소식인 줄만 알았다.

그러나 잠시 후 생각을 정리해보니 조건부 계약이었다. 자격증을 딸 수 있느냐는 문제와 역으로 자격증을 가져오지 못하는 경우에는 어떻게 되는지 답이 없는 거였다. 도서관에서 일한다는 것과 사서가 된다는 건 차이가 있었다. 열심히 하니 기회를 주는 것 같긴 한데 할 수 있으면 한번 해보라는 식이었다. 그래서 반갑지만은 않았던 것 같다. 자격증을 가장 최단 시간에 취득하는 방법은 사서교육원을 다니는 거였다. 성균관대학교, 계명대학교, 부산여자대학교 전국 3개 대학에만 있었다. 서류전형과 면접시험을 통과해야 교육 자격이 주어지는데 가장 가까운 부산여자대학교 사서교육원에 지원하게 된 동기가 되었다.

독서부장 선생님은 도서관 담당 선생님으로 바뀌고 독서행사 담당 선생님은 계속 함께했다. 새 학년 시작과 더불어 새로 맡은 업무로 막막할 것 같다는 생각에 새로 온 선생님에게 3월 한 달 도서관에서 할 일을 정리해서 알렸다. 나는 종일 근무에서 오후 근무로 업무시간이 변경되었으나 그래도 계약서에 명기된 주 14시간보다 많은 주 20시간으로 매주 6시간씩 초과하는 건 마찬가지였다.

안녕하세요. 선생님

도서관 업무를 맡고 있는 석정연입니다.

두 선생님 도와서 도서관 활성화를 위해 또 열심히 달리겠습니다.

한 해 동안 잘 부탁드립니다.

먼저 올해는 사서 도우미와 독서토론 동아리 담당 선생님이 따로 계셔서 업무를 어떻게 의논드려야 하나 살짝 고민이 되지만 2년 동안 도서관 사서 도우미와 독서토론 동아리 학부모 모임에 직접 참여하고 진행 과정을 지켜본 입장에서 앞으로 운영 시 도움이 될까 하고 조금 정리해보았습니다.

첫째, 학부모 교통봉사 도우미처럼 먼저 학부모 사서 도우미 지원 신청을 받아야 합니다. 제가 3월부터 오후 근무(12:30~16:00)만 하게 되었습니다. 그래서 오전 8:00부터 12:00까지 도서관을 맡아줄 도우미 모집이 급합니다. 너무 많은 학부모는 시간을 지키지 않아 관리하느라 힘들었고, 요일별 고정된 6명의 학부모는 원활하게 진행되는 장점이 있지만 개인 사정으로 참여가 어려울 때 대신해줄 사람이 없어 난감했습니다. 그래서 15~18명의 학부모를 선정해준다면 운영이 더 효율적일 것 같습니다.

둘째, 독서토론 동아리 또는 사서 도우미 회원 모집 시 업무 내용에 대해 공지해주면 좋겠다는 건의가 많았습니다. 독서토론 동아리 또는 단순한 책 정리나 대출 반납만 하면 되는 사서 도우미 지원인 줄 알았는데 막상 도서관 일이 너무 많아 당황스러울 때가 많았다고 합니다. 도서 관련 행사 지원 등 그동안 독서토론 동아리와 학부모 사서 도우미(중복 지원도 다수 있었습니다) 도움이 아주 중요하고 큰 비중을 차지하고 있어서 구체적인 업무를 조금 정리해서 모집 시 미리 알려주면 좋을 것 같습니다.

셋째, 3월 중 도서관 운영 중요 일정입니다. 먼저 진급은 재학생들과 신입생들 학교 나이스 명단이 최종 완료된 이후에 작업해야 해서 담당 선생님에게 명단 부탁드려 놓았고 지금 대기 중입니다. 사서 도우미 발대식은 지원단 모집되는 대로 1~2주 중에 날짜 정해서 선생님 소개, 인사하고 도서관에서 사서 도우미 지원 시 필요한 교육과 운영 관련하여 설명합니다. 그리고 도서관 운영 경비로 정기 간행물 2016년 3월호~2017년 2월호『과학 소년』,『위즈키즈』정기구독 신청해야 합니다. 마지막으로 진급 완료된 이후에 1학년 신입생 도서관 이용 방법 수업하는 날짜와 시간을 정해야 합니다.

참고로 2014, 2015년도 전체적으로 도서관 업무를 사서 도우미와 독서토론 동아리가 완전히 분리하지 않았고 학부모회 도움을 많이 받았습니다. 그래서 업무를 명확히 구분 짓지 않고 지난 운영을 참고 삼아 정리한 것이니 보기에 조금 복잡할 수 있습니다. 이해해주세요.

독서토론 동아리 회원이나 사서 도우미를 지원해서 도서관 행사 또는 개별 운영의 진행 과정을 지켜보신 분들은 하나같이 입을 모아 얘기한다.

"도서관, 진짜 일이 많네요."

그럼 나도 얘기했다.

"그러니까요. 저도 도서관 일이 이렇게 많은 줄 몰랐어요."

아직도 유효한 말이다. 조용히 책을 읽다가 이용 학생들 대출 반납 업무하고 책 정리하면 퇴근하는 꿈의 직업 같았다. 나도 처음에 그렇게만 생각했고 사서 선생님 모습이 그렇게 보였으니까.

그런데 겉모습만 우아한 백조였다. 물 아래에서 요란하게 물갈
퀴질을 해야 하는 숨은 노력이 가려진, 오해받기 딱 좋은 직업이
다. (2016년 2월)

전 도서관 담당, 독서부장 선생님에게 카톡 메시지를 보냈다. 부산여자대학교 사서교육원 2차 면접 결과를 통보받은 날이었다. 합격자 확인을 하고 기쁨에 흥분이 가라앉지 않아 다른 학교에서 열심히 수업 중인 걸 알면서도 소식을 전했다. 자격증을 준비해 오면 계약을 새롭게 하겠다는 관리자들의 입장을 전해준 독서부장 선생님에게 이 소식을 가장 먼저 알리고 싶었다. 가족들에게 알리고 오후 출근해서 말씀드려도 될 걸 C 교장 선생님과 D 교감 선생님에게도 바로 문자를 보냈다. 그만큼 기뻤다. 교장 선생님과 교감 선생님도 축하 메시지를 보내왔다.

"선생님, 잘 지내시죠. 일전에 잠깐 뵈었을 때 예뻐지고 환해진 모습 보고 더 반가웠습니다. 선생님 많이 생각났는데 바쁠까 안부 인사를 참았습니다. 오늘은 자랑할 데도 없고 부끄럽지만 혼자 기쁨을 주체할 수가 없어서…. 저 부산여대 사서교육원 준사서 과정 합격했습니다. 면접을 너무 못 봐서 기대 없이 이번에 떨어지면 다른 길로 가야겠다고 생각 정리하고 있었는데 합격해서 더 기쁩니다. 선생님 말씀과 얼굴이 떠올라 바쁜 시간 실례합니다. 늘 감사드립니다. 오늘 하루도 힘내세요.

"저는 전혀 의심하지 않고 합격하실 줄 알고 있었습니다. 실력으로 당당히 합격했으니, 주변에 자랑 좀 많이 하세요. 교장 선생님도 기뻐하겠습니다! 이렇게 좋은 소식을 빨리 듣게 되어 정말 기쁩니다. 앞으로 더 발전해나가실 석정연 선생님을 항상 응원하고 있습니다!! 파이팅"

교무실로 불러 사서 자격증을 준비해보라는 D 교감 선생님의 직접적인 요구가 있었을 때 어리둥절해하자 그때 한 말씀도 잊히지 않는다. '그렇게 고생했는데 이제 좀 달라져야지요.' 고마움에 눈물이 왈칵 쏟아졌다. '자격증 준비, 어떻게 하면 되는지 알아보고 알려줘요.' 손을 부여잡고 한없이 인자한 눈빛으로 다독였다. 그런데 그 제안이 마냥 기쁜 소식만은 아니었다. 한편으로는 무기 계약의 찬란한 기회였지만 다른 한편, 퇴사를 종용하는 무언의 이별 통보를 고하는 느낌을 받았다.

사서교육원의 높은 벽을 이미 들어 알고 있었다. 자격요건이 맞지 않거나 면접으로 불합격할 경우 문헌정보학과에 편입학하여 과정을 수료해도 되긴 하나 가장 가까운 거리에 있는 대학이 창원이었고 그 학교에 다니기 위해서는 두 시간을 차를 타고 다녀야 해서 엄두가 나질 않았기 때문이다. 그래서 교육원에 합격하지 못했을 때는 보따리를 싸야 하는구나! 이제는 그만두어야겠다고 생각을 정리하고 있던 차에 절반은 포기하는 마음으로 결과를 받은 거라 더욱 기뻤던 것이다.

사서교육원 과정은 일반 대학 과정과 같다. 기간은 2학기 1년 과정이다. 중간, 기말고사 그리고 개별, 팀별 발표과제와 리포트 평가 등이다. 수업은 현실 사서를 하는 나에게 많은 도움이 되었다. 이론만 판다는 느낌도 있었으나 실무를 보면서 이론 공부가 바탕이 되어 있지 않았던 그동안이 왠지 맹탕이었다는 느낌도 들었다. 전문성이 떨어진다는 얘기다. 주먹구구식으로 혼자서 혹은 학교도서관 업무지원시스템의 도움을 받아 문제가 생겼을 당시에 응급 처치하는 방식으로 해결하던 업무가 전체적인 맥락 속에 체계화되는 것 같았다. 속 빈 강정이 알찬 배추가 되어가는 기분이었다. (2016년 6월)

제가 비정규직
초단시간 근로자인가요?

상
여
금
과
수
당
,

그
게
뭔
가
요
?

지난여름 학교 창호 공사를 했다. 도서관 소장 자료가 대략 이
만 오천 권이 넘었다. 포장이사를 해야 하는데 학교에서는 박스
를 구해주지 않아 재활용 종이 쓰레기 창고에 몇 번을 가서 가져
오고 사정을 얘기해서 급식실에서 나온 박스를 모아 썼다. 그걸
로 턱없이 부족했다. 도서관 담당 선생님 시아버님이 한다는 공
장에서 박스를 몇 장 가지고 온 것도 보탰다.

나머지 책들은 한쪽으로 치우고 업체에서 제공해준 대형 비닐
로 덮어 테이핑을 했다. 창 쪽 서가를 다 비웠고 그대로 둔 서가
들도 전체 비닐 포장 작업을 했다. 모든 일은 독서토론 동아리
회원들의 무료봉사로 이루어졌다. 학교에서는 상황이 어떻게 돌
아가는지 관심도 없었고 학부모 지원 요청을 해도 아무 답이 없
었다. 그냥 알아서 하라는 묵시였다. 그래서 그게 잘못된 것인지
도 모르고 그렇게 해야 하는 줄 알았다.

사소한 실수로 엄청난 뒤처리를 하게 만들었던 공사가 끝난

시점에도 마찬가지였다. 공사업체에서 공사 인부들 간 작업지시 오류로 책을 덮어놓았던 비닐을 먼저 제거해버렸다. 돌풍 예고로 바람이 몹시 불던 날, 창문을 열어젖힌 상태에서 먼지가 소복이 내려앉은 비닐 덮개를 걷어 도서관 전체에 회백색 시멘트 먼지가 내려앉았다. 책 사이사이 집기와 책상, 서가까지 초미세먼지 폭탄을 맞은 것이다.

공사 후 교실마다 상황이 다르지 않을 거라 이해를 한다손 치더라도 도서관 입장에서는 대형 사고였건만 학교관리자는 누구 한 사람 와서 실태 파악조차 하지 않았다. 고스란히 내 몫이었다. 빠른 처리와 수습 후 도서관 정상 운영을 위해서 누군가의 도움이 절실했다. 결국 또 학부모들과 해야 했다. 그런데 정말 미안한 마음으로 도움을 요청했지만 공사 전 짐을 쌌을 때 온 회원들은 하루이틀이 지나자 참여자 수가 급격히 줄어들었다.

또 와달라고 부탁해도 더는 오지 않았다. 당연하다. 그동안 도와준 것만으로도 아무 할 말이 없는 입장이다. 학부모가 죄도 아니고 걸핏하면 학교 노무 현장 지원을 해야 한단 말인가! 그 고생을 왜 또 하고 싶을까? 그래서 동아리 대표 한 명과 일주일 넘게 일했다. 방진 마스크도 없이 매캐한 시멘트 먼지를 온종일 얼마나 들이마셨는지 모르겠다. 며칠 지나 독서행사 담당 선생님 반 6학년 학생들이 한 시간 와서 지원해준 것밖에 없었다.

그리고 거의 일이 마무리되어갈 무렵, D 교감 선생님을 교무실 앞 복도에서 만났다. '수고 많지요' 때늦은 인사를 했다. 나를 보고 생각난 건지 묻지도 않은 말을 덧붙였다. '선생님 초과 올려주라고 할 테니 초과근무 일지에 적고 가세요.' 그게 뭔지도 모르고 '알겠습니다' 했다. 그제야 '초과수당'이란 게 있었구나! 알게 되었다.

그렇지만 어떻게 하면 되는 건지 몰라서 행정실에 먼저 물었다. 돌아온 답변은 이랬다. '선생님, 앞에 일한 건 소급처리가 안 돼서 오늘부터 하게 되면 올리세요.' 일주일 동안 종일 한 일은 물거품이 되었고 녹초가 된 사람한테 내일부터 계속, 더 열심히 일하라는 채찍으로 다가왔다. 기운이 다 빠져서 그 후에 한동안 몸살감기를 심하게 했다.

그때 함께 고생한 동아리 대표 학부모가 도서관의 열악한 학교지원과 내 처지를 알게 되었다. 묵묵히 지켜보던 대표는 이후 다른 학교 행사로 학부모지원단이 모인 자리에서 나의 처우에 대해 교감 선생님에게 건의하는 계기가 되었다. 독서토론 동아리 가을 문학기행을 위해 일요일 하루 일정이 잡혀 있었는데 학교 인솔 교사 대신 업무를 보는 것임에도 아무런 대가 없이 일요일에 일하러 나와야 하는 나에게 수당을 지급해달라고 한 것이다.

부탁하지도 않았는데 내가 어지간히 안쓰러웠던 모양이었다. 교감 선생님은 그 자리에서 수당이 지급될 수 있도록 하겠다고 말했다고 했다. 대표가 직접 들었고 본인이 더 좋아서 흥분된 상태로 자신의 업적을 과시하듯 나에게 전해주었으니까 되는 줄 알았다. 문학기행을 다녀온 지 한 참 뒤에 확인한 급여 이체통장의 입금액이 이상했다.

행정실 주무관님

수고 많으시죠. 바쁠 텐데 실례지만 어제 여쭤본 초과근무에 관해 몇 가지 더 질문 올리게 되었습니다. 제가 학교에 3년 차 근무 중인데 아직 제 급여에 관해 한 번도 질문 드린 적도 없고 주는 대로만 받아왔습니다. 지난 2년간은 종일 일하면서도 초과근무에 대한 개념조차 모르고 지냈습니다. 혹여 지급된 초과근무 명세가 있어도 도서관 담당 선생님이 지시하여 받았던 것입니다. 그리고 지난 9월 초 도서관 대청소 때 D 교감 선생님이 초과근무에 대해 말했고 도서관 담당 선생님이 3일 초과근무 신청해준 겁니다.

그런데 지난 추석 명절 보너스가 사전 통보도 없이 지급되지 않았던 사실을 뒤늦게 알게 되어 행정실장님에게 여쭤보았는데 실장님 답변은 알리지 않은 것에 대해서는 미안하다 하면서 앞으로 보너스는 없다기에 당시에는 '네. 알겠습니다.' 하고 그냥 사실만 그대로 받아들였습니다. 그런데 십만 원씩 일 년에 두 번 받던 상여금이 없어졌던 그 일은 솔직히 충격적이었습니다. 여태 학교 일을 자긍심으로 해왔는데 금액의 많고 적음의 여하를 떠나 무통보 부지급은 그동안 수고의 가치를 상실할 만큼 마음에 큰 상처가 되었습니다.

더하여 여름방학 창호공사 끝나고 도서관 이사와 청소를 감당하면서 몸살이 나서 링거를 맞아가면서 힘들게 일해도 아무도 알아주지 않던 일들까지 다시 떠오르며 개인적으로 맘고생이 많았습니다. 그때부터 묵묵히 해오던 학교 일을 다시 돌아보게 되었고 급여 통장을 신경 써서 챙기게 되었습니다. 그래서 초과근무 지급되는 시간당 임금이 궁금해 여쭤본 겁니다. 개인적인 사사로움이 전혀 없으니 오해 없길 바라고 급여에 대해 무지한 저를 가르쳐준다고 생각하면 고맙겠습니다.

몇 가지 질문 추려보았습니다. 제 급여 기준으로 시간당 금액(6,370원? 6,320원?)은 어떻게 책정되는지요? 또 6월에 많이 지급된 급여를 다시 환수했다는 초과임금은 언제 무슨 명목으로 지급되었던 건지? 왜 미리 말해주지 않았는지? 그리고 이번 일요일 학교 일로 체험을 하러 가게 되어 휴일 근무 신청한 건에 대해 지급명세를 알 수 있을까요? 왜냐하면 지난 학기 일요일에 쉬지도 못하고 종일 학부모 독서토론 동아리 체험을 다녀왔습니다. 저는 인솔 교사 자격으로 참여했고 내용 그대로 G 행정실장님, D 교감 선생님, E 교장 선생님에게 근무상황 상신도 올렸고 승인도 받았습니다. 그리고 D 교감 선생님이 이번 문화체험 때는 출장비를 지급해주기로 해서 통장 확인해보니 만 원이 추가로 입금되어 있어 좀 당혹스럽던데 이번에도 똑같이 지급되는지 궁금합니다. 긴 글로 심려 끼쳐 죄송하지만 나름 많이 고민하고 신중하게 올리는 글입니다. 오늘 당장은 아니더라도 답글 부탁합니다.

며칠 후 행정실 급여 담당 주무관님의 '질문에 대한 답변 드립니다.' 메신저가 왔다.

'금액 책정은 기본급 541,430원을 기준으로 40시간 근무자 기준 비례계산으로 산출된 금액입니다. 6월에 지급된 금액은 4월 25일 세계 책의 날 행사 때문에 초과한 부분을 5월에 지급하지 못하여 6월에 지급한 부분입니다. 급여 명세는 나이스에서 나의 메뉴에서 급여, 지급명세서, 급여구분을 기타급여1로 바꿔서 조회를 하면 나옵니다. 일요일 초과근무 신청한 건에 대해서는 8시간 근무 인정하여 50,960원이 지급될 것입니다.'

D 교감 선생님이 동아리 대표에게 초과수당을 약속했던 10월 마지막 일요일 문학기행 때의 수당은 지급되지 않았다. 단돈 만 원의 입금액은 단순히 '근무지 내 출장'으로 인정되어 교통비 정도가 지급되었던 것 같았다.

11월 5일 토요일에 예정된 서점체험과 관람 참여를 앞두고 거짓 약속을 남발한 학교관리자의 행동을 행정실에라도 알리고 싶었다. (2016년 11월)

　2016년 8월 30일 C 교장 선생님이 다른 학교로 가시자 대우가
확연히 달라졌다. 그동안 무늬만 '사서'인 나는 주제도 모르고
그 자리를 당연한 듯 누리고 있었다. 무늬도 뭣도 아무것도 아닌
존재라는 걸 깨닫게 되었다. '수고한다' '잘한다' 칭찬과 격려로
응원해주던 교장 선생님 그늘이 그렇게 큰 줄 몰랐다. 새로 온
행정실장님은 교장 선생님이 바뀌자마자 숨겨둔 칼을 꺼내 들고
가지치기하듯 기존의 지급 기준을 바꾸는 단행을 했다. 사전고
지도 없이 무참히 당해야 했다. 사라진 상여금, 실장님 앞에서는
아무 말도 못 하고 돌아서서 곰곰이 생각해보니 얼마 안 되는 금
액은 통보도 없이 일방적인 삭제 처리가 가능한 일인지 행정업무
가 정말 이해되지 않았다.

　2016년 최저임금은 6,030원이다. 내 급여에 40시간 근무자 기
준을 적용한 6,370원이라는 적용지침이 타당한 건지 모르겠다.
40시간, 그들은 각종 수당이 있고 하물며 단시간 근로자도 아니

다. 초단시간 근로자의 임금을 그들과 똑같이 적용한다는 것은 말도 안 되는 일이라고 생각한다. 급여통장을 확인하지 않는 게 차라리 화병도 생기지 않는 거였다.

방학 때 학교 대공사만 네 번째다. 2016년 여름 창호 교체공사로 본관 이동 임시도서관 운영, 2017년 여름 에어컨 교체공사로 도서관을 임시 교무실 겸 행정실로 사용, 2018년 여름 석면 자재 교체 공사로 전체 포장이사, 2019년 여름방학에는 지진 대비 내진보강공사를 하기 위해 도서관 책들을 얼마나 싸고 날랐는지 모른다. 그때마다 학교 관계자들은 보기가 힘들었다. 애먼 계약직 남자 선생님들이 책 바구니 이동 때 한 번, 도서관 담당 선생님, 독서행사 담당 선생님과 반 학생들이 한 번 와서 고사리손으로 청소를 도와주고 책을 날라주긴 했지만 역부족이었다.

나머지는 도서관 운영지원을 돕겠다는 위촉장을 받은 학부모 독서동아리 회원들 몫이었다. 사서 도우미와 독서토론 동아리를 겸해서 지원하는 학부모가 많았고 학교도서관을 가장 잘 이해하고 책을 사랑하고 아끼기에 내 책처럼 소중하게 다루고 내 집 책장 정리하듯 정성을 다해주었다. 회원들이 아니면 사실상 도서관 운영 자체가 힘들다. 그들은 도서 수서, 학교 독서행사 지원, 학기별 구매 신간 도서 서가 자리 확보를 위한 정리, 장서 점검, 학년별 이동 도서 준비, 학교 공사 준비 이삿짐 포장 용역까지 어떤 일이든 마다하지 않고 도와준 숨은 공신들이다.

석면 공사 이후에는 이사용역업체 지원을 해서 박스 포장이 이루어졌다. 그러나 이사를 해보면 알겠지만, 전체 서가의 사진을 다 찍고 보여드리며 그대로 정리해달라고 신신당부 부탁해도 제대로 된 정리는 불가능했다. 도서 분류 기호에 따라 정리하려면 도서 등록번호 체계부터 이해시켜야 하는데 전문성이 없는 포장이사 직원들에게 그것까지 바랄 수는 없었다. 하나부터 열까지 재배열을 하는 데 너무 많은 시간과 힘이 들었다.

그 와중에 물품을 가지러 행정실에 들른 적이 있다. 공사가 끝나고 청소해주는 업체가 있어 먼지 하나 없는 행정실에서 방진마스크를 착용하고 있는 모습을 보고 비참한 기분이 들었다. 공사 시 나온 분진 폭탄을 맞은 도서관을 청소하느라 매캐한 공기에 목이 마르고 잔기침에 눈도 따가웠던 현장은 일주일을 쓸고 닦아야 할 판인데 누구 한 사람 궁금해하는 사람 없고 물 한 잔 지원 없던 설움이 북받쳤다. 초과업무를 해도 식사도 자신이 알아서 챙겨 먹어야 하고 심지어 지원 온 학부모 식사까지 개인 경비로 지출하기도 했다.

학교가 대공사를 앞두거나 행사를 치를 때 개인적인 근무시간이 다 되었다고 '땡'하면 갈 수 있는 분위기가 아니다. 사실 언감생심 꿈도 못 꾼다. 매년 계약체결을 해야 하는 기간제 종사자들은 더하다. 자신의 언행과 처신이 다음 계약 시 지대한 영향을 미친다고 생각하며 항상 낮은 자세로 일한다. 시간을 초과해서 일하는 부분에 대해서는 철저하게 모르쇠로 일관하고 정한 시간에 조금의 부족함이 있으면 가차 없이 다음 계약의 결격사유가 되는 것이 현실이다. 일터는 그야말로 눈치싸움과 적자생존의 살얼음판이다.

그때까지도 학교를 사랑하는 마음이 충만한 상태라 힘들긴 해도 이겨낼 수 있었고 도서관 처우가 불합리하다는 걸 느껴도 별로 부당하다고 생각지 못했다. 학교를 사랑하고 학생을 최우선으로 하는 존경하던 최고 관리자의 모토가 힘든 일을 하는 데 버팀목 역할을 하며 지탱해주었기 때문이다. 사회주의니, 민주주의니 하는 사상과 이념이 한낱 개인에게도 얼마나 중요하게 작용하는지를 느끼게 된다. 잘못된 신념은 사회를 병들게 하지만 스스로가 자각하기에 건강하고 신뢰할 만한 강력한 믿음은 의지를 불태우게 하고 헌신하게 만든다.

그 이후였다. 추석 명절 연휴 전이라 도서관 장기 휴관에 대비하여 휴관 기간 설정과 장기연체를 대비해 미납자들 반납요청 메신저도 보내고 사서 도우미 공유 밴드에 안내공지를 하는 중에 행정실 메신저가 왔다. 확인하니 퇴근 전에 행정실에 잠깐 들렀다 가라는 것이었다. 거리상으로도 멀고 이용 학생이 있는 도서관을 비울 수가 없어서 급한 업무가 아니면 퇴근하면서 가도 되냐고 물어보았다. 그렇게 하라고 했다.

퇴근하면서 행정실에 들어가니 한쪽으로 택배 상자들이 쌓여 있고 열어젖힌 한 상자에 명절선물 세트가 몇 개 남아 있다. 누가 일어나 다가오지도 않았다. 메신저를 보낸 담당 주무관은 바쁜지 눈인사 잠깐 하고 턱짓으로 알려준다.

"그거 하나 꺼내 가시면 됩니다. 명절 선물입니다."

"아니. 이게 웬 겁니까? 제가 왜 받나요?"

처음이었다. 그런데 기분이 좋지도 않았다.

"아! 행정실에 들어온 선물인데 많아서 나누는 겁니다. 괜찮으니 가져가세요."

나는 괜찮지가 않은데 생색내듯 하는 말투가 불편했다. 안 받겠다고 하면 내가 이상한 사람이 되는 것 같은 분위기였다. 그것도 내 선물을 내가 꺼내 들고 가라니. 이건 선물이 아니었다. 그렇지만 그런 수치스러운 상황에도 재차 인사하고 무거운 선물세트를 챙겨 들고 나가는 내 모습이 오히려 치욕스럽게 느껴졌다. 그래도 아무것도 할 수 없었다. 아직도 내 인생에 잊을 수 없는 명절 선물로 기억되어 있다.

그런 일이 있고 나서 한참 뒤인 11월, 독서동아리 활동의 하나로 문학기행을 다녀온 뒤였다. 일요일 출장비 지급을 해준다는 D 교감 선생님 약속을 전하던 동아리 학부모회장님의 연락을 받고 통장내역을 확인했었다. 이번 출장비는 고사하고 지난 학기에 학교 이름으로 입금액 만 원이 있는데 무슨 명목인지 궁금했다. 그래서 '만 원' 출처 확인 차 급여 관리하는 행정실 주무관님에게 질문을 한 거였다.

그리고 그때 추석 상여금이 들어오지 않은 걸 알게 되었다. 또한 갑자기 지급받은 선물세트의 의미를 그제야 파악한 것이다. 상여금이 상품으로 전환된 모양이었다. 주는 사람 마음대로. 왜 그걸 이렇게 유추해서 알게 하는지 스무 고개 수수께끼 놀이를 하는 것 같다. 통장에 안 들어왔더라도 못 줄 때는 못 주는 이유가 있으니 그런 줄 알고, 주면 주는 대로 주는구나, 감사히 받아가면 된다고 생각하는 모양이다. 그렇지 않고서는 이래저래 조합해도 답이 나오지 않는다.

초단시간 비정규직 노동자, 우리는 더 가치가 없으면 쓰다가 내다 버리면 되는 플라스틱처럼 필요와 소용의 가치만으로 판단되는 일회용, 아니 소모성 인력풀이었다. 그런데 사용자, 그들은 간과한 것이 있다. 커다란 철밥통을 차고앉은 그들만의 세상에 사느라 보이지 않았던 것 같다. 우리도 생각하는 사람임을, 말할 수 있는 사람임을, 글 쓸 수 있는 사람임을.

그들에게 전하고 싶다. 지금 생태계를 위협하며 전 세계 심각한 환경문제가 되는 먹이사슬의 침입자 플라스틱은 그것들을 내다 버린 우리를 향해 다시 비수가 되어 나타났다. 편리의 이기로 잉태된 스스로 만든 새로운 물질이 생태계를 교란하며 먹이사슬 최상위층 인간을 공격하듯 권력자들 부의 축적 수단으로 소비하고 버려진 최하위 직군 노동자도 돈과 권력으로 나누어진 계층 사회의 유리 벽을 허물어버릴 수 있는 똑같은 인간임을 잊지 말라고. (2016년 11월)

학기마다 교육 실무직원 업무 성과서를 제출한다. 독서부장 선생님이 작성해달라는 빈 서류를 처음 받았을 때 어떻게 써야 할지 막막했다. 퍼뜩 든 생각이 근로계약서였다. 업무추진실적 또는 주요 업무성과 칸에 옮겨 쓴 근로계약서 업무 상세 내용이다. 2014년에는 좀 더 많았으나 몇 해 수정을 거치면서 줄었다.

학교도서관 운영 및 관련 업무 지원, 학교도서관 활용(협력) 수업, 학교도서관 운영 규정 작성·유지, 학교도서관 운영 통계, DLS 시스템 운영 및 진급처리, 독서 교육 종합지원시스템 운영, 도서 수서·정리·배열·보수·폐기, 도서 대출 및 반납, 연체 도서 독촉, 학교도서관 이용 및 도서 활용법 지도, 도서관 보유 자료의 소개 및 도서관 홍보 지원, 도서반원 지도, 학부모 도우미 운영, 독서토론회 운영 지원, 학급문고 운영 등 학교 독서 교육에 관한 지도 협조, 학교도서관 자료의 수서와 정리, 장서 점검과 장서 제적·폐기, 파손·훼손 사료의 수리 및 제본, 학교도서관 환경정리 및 시설·비품 관리, 기타 기관장이 지시하는 학교도서관 및 독서 교육 활동 관련 업무

2014년 2월 중순, 처음 학교도서관 업무를 인수·인계받기 위해서 도서관에 왔을 때 전 사서 선생님이 나를 보고 답답하다는 듯 한숨을 내쉬며 계약서 썼냐고 물었던 일이 떠오른다. 아군인지 적군인지 선생님이 왜 보자고 하는지도 뭣도 모르고 썼노라 계약서를 보여주었다. 한심하다는 듯 다시 한숨을 내쉬며 한마디 했다.

"선생님, 이런 계약을 하면 어떻게 합니까? 이렇게 많은 업무는 정사서교사도 다 못해내는 일입니다."

정말이지 계약서에 다른 내용은 부실하게 대충 적혀 있었는데 내가 해야 할 업무 칸에는 차고 넘치듯 빼곡히 할 일이 담겨 있었다. 그것이 족쇄가 되어 다 해내야 하는 일인 줄 알고, 당연히 해야 하는 줄 알고 손목인대가 늘어나고, 거북목이 되고, 급격히 시력이 나빠지고, 오십견이 와도 온몸을 파스로 도배를 하고 병원을 제집 드나들 듯 쫓아다니며 사력을 다했다.

전 사서 선생님은 우리 학교에 있을 때 노조 임원으로 비정규직 교육공무직원의 정규직 전환을 위한 투쟁을 선봉에서 했다고 한다. 노조 간부였던 셈이다. 그래서 거리 시위가 있거나 노조에 일이 있을 때마다 각종 사유를 들어 도서관을 문을 닫고 나갔다고 한다. 그러다 보니 도서관은 제대로 운영될 수가 없었다. 아이

들이 반납한 책들은 정리도 되지 않은 채 책상 위에 수북수북 쌓이고 구석구석 먼지 뭉치가 굴러다녔다.

그런데 전 사서 선생님의 그런 몸부림이 나름 성과가 있었는지 그 선생님은 중학교 사서 정규직으로 승급 전환되었다. 이후 도서관 사물함 열쇠라든가 필요한 물품을 찾기 위해 업무 차 도움을 요청하려고 옮긴 학교로 전화를 걸었으나 몇 번의 회피와 거절을 당하고 더는 연락을 하지 않았다.

첫 출근 하기로 계약된 날짜 일주일 전에 학교도서관 업무에 대해 배우려고 갔을 때도 전 사서 선생님은 싫어하는 눈치였다. 학교도서관 업무지원시스템 매뉴얼 책자를 주며 보고 따라 하면 된다고 했다. 노골적으로 싫은 내색을 했다. 그 뒤로도 몇 차례 찾아갔을 때마다 비슷한 반응이었다. 도서관 책 자리나 익히고 있으라더니 누군가와 오랫동안 전화통화만 하거나 컴퓨터에 있는 자료를 정리해야 하니 바쁘다면서 나는 없는 사람처럼 신경도 쓰지 않고 본인 일만 했다.

하루는 독서부장 선생님, 독서행사 담당 선생님과 도서관에서 신학년도 도서관 운영에 관한 사전회의 약속을 해서 조금 일찍 나갔다. 여전히 못 본 척 본인의 일만 하던 사서 선생님은 세 명이 한꺼번에 도서관에 들이닥치자 질색을 했다. 갑자기 몸이 안 좋다면서 직접 119구급차를 호출했다. 그러고는 조퇴를 했다. 두 선생님과 나는 할 말을 잃었다. 결국 회의는 무산됐고 사서 선생님도 없는 도서관을 혼자 지키다 왔다.

그렇게 인수인계는커녕 건네받은 거라곤 컴퓨터 바탕화면에

깔린 도서관 전시물 양식 몇 개 들어 있는 파일 하나가 다였다. 나의 도서관 적응기는 맨땅에 헤딩하듯 그렇게 출발했다.

당시에는 전 사서 선생님이 사서로서 사명감이 전혀 없는 정말 나쁜 사람인 줄 알았다. 학교와 학부모와 학생들의 입장에서 바라봤기 때문이다. 그런데 정작 내가 그 입장에 처하고 보니 얼마나 몸서리치게 학교 권력과 싸웠을까? 십분 이해가 되었다.

흔히 비정규직 계약자에서 정규직으로 신분이 바뀌면 업무 태도가 180도 달라진다고들 한다. 그에 대한 나름의 해석은 두 가지 측면에서 할 수 있을 것 같다.

먼저 긍정적인 측면으로, 안정감에서 오는 변화일 것이다. 비정규직 계약자들은 계약만료 기간이 다가오면 불안감을 호소한다. 괜히 가슴이 두근거리고 우울하다가도 평소보다 더 열심히 하는 모습을 보여주려 자신의 한계치를 다 소진하는 매일을 산다. 육체적으로도 피곤하고 정신적으로도 지친다. 재계약이 이루어질지? 계약이 이루어지는 경우와 그렇지 못한 때를 대비한 자신의 미래전략 시뮬레이션을 하루에도 수십 번 머릿속에 그려본다. 먹고살아야 하니까! 금액의 많고 적음을 떠나서 내일 당장 밥줄이 끊긴다면 매달 돌아오는 청구서와 각종 세금, 카드 대금 등 생활비 걱정을 하지 않을 수 없다. 몸은 지치는데 머릿속은 너무 복잡하다. 얼굴에는 미소를 띠고 있지만 웃는 게 웃는 게 아닌 그런 형식적인 웃음이다. 즐거워서가 아니라 살기 위한 처절한 미소를 띠고 있다. 그렇게 신경을 곤두세우며 치열하게 버텼던 삶을 내려놓으면 편안해 보일 것이고 긴장 가득했던 얼굴을 풀어놓게 되면 당연히 인상도 달라질 것이다.

부정적인 측면에서 보면, 안도감에서 오는 변화일 것이다. 그간 마음고생 하면서 받았던 설움에 대한 보상심리가 작용한다고 할까? 이제 나도 정규직이야! 철밥통! 너희들과 똑같아! 내가 그동안 받았던 수모 모두 그대로 돌려줄 거야! 이제 다른 사람 눈치 보지 않고 내 의견도 마음대로 말할 수 있어. 마치는 시간 땡 하면 집에 갈 거고 학부모 민원이 들어와도 당당하게 대처할 거고 학생들이 말을 듣지 않으면 소리쳐서 훈육할 거야!

사실 정규직이 안 되어본 나로선 상상에 기초한 가상 시나리오긴 하지만 두 가지 측면의 내적 반응들이 교차하면서 정규직의 편안함과 자유로움을 누리지 않을까 싶다. 종이 한 장에 담긴 글자 한 토시가 달라졌을 뿐인데 비정규직과 정규직의 차이는 엄청나고 그 거리를 가늠할 수 없을 정도다. 새로운 세상일 것 같다. 미래에 대한 불안이 사라졌으니, 마음에 짐을 내려놓았으니, 소속감 같은 걸 처음 맛보았을 테니 얼마나 달콤할까? (2016년 11월)

무기계약 하자면서요

무기계약을 약속했던 D 교감 선생님이 다른 학교로 전근 발령을 받아 임기가 얼마 남지 않았을 때였다. 약속한 계약에 대해 질문을 하고 싶었으나 전근 준비로 내내 바빠 보여서 교무실에 갈 때마다 말할 기회를 놓치고 있었다. 퇴근하면서 열쇠를 보관하러 들렀는데 마침 혼자 차를 마시고 있었다. 지금이 아니면 안 되겠다 싶어 인사를 하고 용기를 내었다.

"수고 많으시죠. 교감 선생님. 다른 학교로 가신다고 들었는데 이렇게 일찍 가실 줄 모르고, 많이 섭섭합니다."

"아! 선생님. 그렇지요. 여기 일이 너무 많고 힘들어서 C 교장 선생님 계신 학교로 따라가려고요. 잘 지내시고 건강하입시다."

"네 교감 선생님도요. 늘 건강하십시오. 그리고 가시게 되면 C 교장 선생님께도 안부 전해 주십시오. 그리고 교감 선생님, 여쭐게 있습니다."

"네. 말씀하세요."

"저, 제 계약은 어떻게 되는 건가요? 올 8월에 자격증을 받습니다."

"아! 그건 뭐 계약 기간 되면 학교에 말씀하셔야지요."

"네? 제가요."

"네, 이 학교에 계시는 선생님께 여쭤보십시오."

교무실 안 공기가 갑자기 차가웠다. 히터가 꺼졌나? 갑자기 찬 바람이 휘몰아치는 것 같았다. 더는 아무 말도 하지 못하고 얼음이 돼버렸다. 교감 선생님은 자리로 돌아가 다른 업무를 보는 것 같았다. 다리는 후들거리고 얼굴은 화끈거렸다. 인사도 얼버무리고 교무실을 빠져나왔다. 왜 한마디 더 물어보지 못했을까? 왜 약속한 계약을 지키지 않느냐고, 누가 오든 내정된 다음 교감 선생님이나 지금 있는 E 교장 선생님이나 G 행정실장님 등 학교관리자에게라도 얘기를 해달라고 당당하게 말하지 못했을까? 하얗게 하얗게 얼굴이 질려서 그렇게 집으로 돌아왔다. 그리고는 D 교감 선생님이 다른 학교로 갈 때까지 보지 못했다. 한 번도 얼굴을 마주치지 않았다. (2017년 2월)

역
린

문제의 일들은 F 교감 선생님이 우리 학교에 부임해 온 이후부터다. 3월이었다. 임신 중이었던 도서관 담당 선생님이 개학하자마자 조산 증상이 있어 병가로 휴직하고 초임의 임시 선생님이 왔다. 학교 일 자체가 처음인 임시 선생님은 수업하는 것만으로도 힘들어 보여서 도서관 업무는 되도록 내가 알아서 했다. 새 학기 도서관 첫 공식 업무는 나이스 명부를 시스템에 등록하여 진급처리를 해서 도서대출증 이용자 카드를 만드는 일이다. 이것이 새 학기의 가장 큰 일이고 복잡하다.

그리고 외적으로는 독서토론 동아리와 사서 도우미 지원단 모집에 대한 가정통신문 발행도 급한 일이다. 도서관의 운영을 위해서다. 그래야 새 학기에 교체될 신규 학부모 사서 도우미 공석이 생기지 않는다. 그나마 도서관을 가장 오래 지켜와서 일의 경중과 우선순위가 눈에 훤히 보이니 다행이었다. 그런데도 부재중인 담당 선생님의 빈자리가 너무 크게 느껴졌다. 독서행사 담당 선생님이 도와준다고는 하지만 수업 중인 선생님에게 질문을 올려서 기다렸다가 일을 처리하기엔 시간이 너무 많이 소요되었다.

그래서 새로 온 F 교감 선생님 도움을 여러 차례 받기도 했다. 우리 학교 전반적인 새 업무로 바쁠 텐데 적극적으로 도와주었다. 독서토론 동아리와 학부모 사서 도우미 지원단 발대식으로 정신없던 3월 끝 무렵이었다. F 교감 선생님에게 잠깐만 시간을 내달라고 메신저로 면담 요청을 했다. 계약 관련 일로 의논하고 싶은데 오픈된 교무실이 아닌 조용한 장소였으면 좋겠다고 말씀 드렸다. 승낙하며 교무실 옆 방송실로 안내했다.

일련의 과정들을 말했다. 내내 고개를 주억거리며 들어주었다. 안타까워도 했다가 더 자세한 질문도 덧붙였다. 앞서 다른 학교로 전근 간 D 교감 선생님이 다음 교감 선생님에게 말해보라고 했다는 말을 덧붙이면서 마무리했다. 사서 채용에 관한 자세한 내용은 교육청에 알아보고 알려주겠다고 했다. 며칠 뒤 교무실에서 퇴근하는 나를 보고 불렀다.

"석 선생님, 내가 교육청에 알아봤는데, 사서 채용에 관한 계획이 없다고 합니다. 앞에 교감 선생님께서 왜 그런 약속을 했는지 모르겠지만 계획에 없다니 우리로선 어쩔 수가 없네요."

그때부터 역린이 시작되었다.

F 교감 선생님은 D 교감 선생님보다 한 수 위였다. 알아봐 달라고 부탁했던 나의 불찰이 엄청난 파장과 후폭풍을 몰고 오는 일들의 도화선이 될 줄이야! 학교관리자들은 다 똑같거나 정도의 차이만 있을 뿐이란 걸 미처 자각하지 못한 어리석은 처신으

로 인해 속이 새카맣게 타들어갈 일이 생길 줄 상상도 하지 못했다.

교육청 사서 채용 계획이 없다는 답변을 들었을 때 아주 슬펐다. 기운도 빠지고 회의감이 들었다. 내가 열심히 달려온 이유를 모르겠다는 생각이 들었다. 사서교육원 과정을 괜히 시작했다는 후회가 밀려오다가도 평소에 마무리가 아름다워야 한다고 생각하는 나는 이왕 시작한 거 끝을 봐야지! 다짐을 새로 했다. 그리고 그럼에도 불구하고 묵묵히 일하다 보면 작은 변화가 분명 있을 거라 생각했다.

아무 생각이 들지 않을 정도로 학교-집-학교-집 바쁜 일상을 보내고 있을 때 학교에서 메시지가 왔다. 수석 교사 선생님이 전 교직원에게 단체로 보낸 메신저였다. 내용인즉, F 교감 선생님의 자녀 결혼식을 알리는 메신저였다. 부임한 지 얼마 되지도 않은 데다 새로 온 교감 선생님과는 잘 지내고 싶은 마음이 있었다. 그래서 집안 경사를 알고 모른 척할 수가 없었다. 그러나 부담스러운 건 사실이었다.

요즘 경조사에 참가하려면 적어도 오만 원 이상이다. 워낙 식사비가 비싸니 그 이상을 받아야 축하금이 남을 거다. 그런데 오만 원은 나에게는 급여의 10%다. 큰맘 먹고 해야 한다. 그래서 다른 교실 선생님들에게 여쭤봤다. 혼자 하면 오만 원 이상이지만 단체로 함께 하면 금액을 좀 더 줄일 수 있지 않을까 해서였다. 그런데 모두 직접 한다거나 오만 원은 해야지! 등의 반응만 있었다. 용역업체 방과후 선생님은 따로 불러 청첩장을 손에 쥐여주었다고 했다. 할 수 없이 개인적으로 갔다. 아무도 알아주지 않지만 차후 관리자가 보내는 묵시와 침묵을 감당해낼 자신이 없었다.

다녀온 다음 날 교무실을 들렀을 때 '감사합니다' 인사가 다였다. 식사도, 답례품도 없는 결혼식이었다. 답례를 꼭 받자고 참가한 건 아니지만 좀 성의 없다는 생각이 들 정도의 반응이었다. 굳이 따지자면 돈이 드는 것도 아닌데 '일요일인데 쉬지도 못하고 결혼식에 와주셔서 감사합니다.' 그 정도는 해주어야 하는 것이 예의 아닌가? 그리고 한참 뒤엔 수석 선생님의 경사를 알리는 메신저를 이번에는 교감 선생님이 보냈다. 주거니 받거니 본인 집안 행사를 직접 알리는 게 미안하니 서로 품앗이하는 것 같았다.

그러고 보니 교감 선생님은 이전 교감 선생님에 비해 메신저 알림이 잦았다. 일반적인 간단한 전달사항도 장문의 글로 읽어내기가 힘들 정도로 보내고 중요성을 딱히 느끼지 못하겠는 잔소리 글 메신저도 제법 많았다. 풍요 속의 빈곤이었다. 많은 양을 보내고 쓸데없이 보내니 켰다가 읽지 않고 바로 끄는 경우가 많아졌다. 정작 중요한 전달사항은 전달되지 않는 모순이었다.

더 놀라운 것은 오자마자 학교운영과 관계없는 메신저, 부산교육청 정보에 학교별 경조사를 모두 찾아 정기적으로 보내는 것이었다. 왜 그러는지 이해가 되지 않았다. 도서관은 차라리 낫다. 학급 선생님들은 수업 중에 올라오는 각종 학교 운영에 대한 협조와 지시 메신저 공해에 늘 시달린다. 그런데 거기에 추가하여 전 부산시교육청의 경조사 알리미 역할을 자처하니 처음에는 정말 의아했다.

그런데 이제 보니 정작 본인의 경조사를 간접적으로 홍보하기 위한 자연스러운 수단이 아니었을까 싶다. 그렇지 않고서야 부의금 또는 부조금 납부를 종용하며 교육청 새 모토인 '청렴'에 반하는 경조사 알림 업무를 그렇게 자처하고 나서진 않았을 테니까. 공무원행동강령위반사례 중 경조사 관련 조항에 '직무 관련 단체에 경조사 통지 행위', '업무지원 시스템을 이용해 직무관련자에게 경조사 통지 행위'가 있던데 그걸 몰랐을까? 사익을 위해 장기간에 걸쳐 밑밥을 뿌리는 수고를 한 건 아닌지 의구심이 든다. (2017년 3월)

급
식
중
단

    상여금이 사라진 후 다음 조치는 급식 중단이었다. 이건 아예 행정실장님이 나서지도 않았다. 우리 학교에서 가장 오래된 여주무관님이 출근하는 나를 불러 세우더니 잠깐 이야기 좀 하자며 학교 중앙현관 단상 앞으로 데리고 갔다.

    "석 쌤, 이제 쌤도 급식비 내고 밥 먹어야 하는데, 계속 드실 거죠? 그럼 월급에서 자동지급처리 해야 해서요."

    "네? 무슨 말씀이세요?"

    "이번에 학교에 교육청 감사가 있었잖아요. 그때 지적 사항이었어요."

    "예? 감사에, 제가요? 제가 뭘 잘못한 것도 아니고, 왜요?"

    "그동안 선생님만 그냥 식사를 드시고 계셨거든요. 전 교장 선생님께서 그러라 해서. 우리 선생님들도 다 자기 돈 내고 먹어요. 선생님처럼 공짜밥 먹으면 그게 다 우리 학생들 급식비 부담이 되거든요."

"아니, 무슨 말씀을 그렇게 하세요? 제가 학생들 급식비를 축 냈나요? 처음부터 그렇게 알려준 것도 아니고 갑자기요?"

"아니, 그 말이 아니고. 아! 정말 나도 모르겠다. 하여튼 이제 부터 급식 드시려면 돈을 내고 드셔야 합니다. 그렇게 알고 계 세요."

"작년까지 종일 일할 때는 밥 먹어도 괜찮고, 이제 오후 업무만 보기 때문에 안 된다는 건가요? 저는 집에서 먹고 와도 되는데 오전 학부모 사서 도우미들 식사 챙기면서 업무 전달받느라 점 심시간 전에 일찍 온 건데요? 그럼 전 밥 먹고 제 출근 시간 맞춰 서 와도 됩니까?"

"아이, 왜 그러세요? 이 돈 없다고 선생님이 못 사는 형편도 아 니잖아요!"

"아니 주무관님, 제가 학교 공짜 밥 먹으러 일부러 일찍 나온 것도 아니고 학교 필요에 의해서 그동안 출근 시간보다 훨씬 일 찍 나오고 늦게 퇴근했는데요. 학부모 사서 도우미에게 식사를 하고 가라 하면 선생님들과 함께하는 식사 자리가 모두 어렵고 불편하다 하여 오히려 저는 다른 데서 점심 약속을 하고 싶어도 못하고 항상 학교 와서 학부모들 식사 챙겼습니다. 어느 분이라 도 학부모 사서 도우미 직접 챙겨주면 저는 정한 출근 시간대로 나오겠습니다."

"아! 그럼, F 교감 선생님께 말씀하고 그렇게 하세요!"

"F 교감 선생님께 말씀드리면 되는 건가요? 알겠습니다. 지금 바로 가겠습니다."

이 제안이 새로 온 F 교감 선생님의 생각이었던 모양이다. 교무실로 들어가니 평소에 그렇게 살갑게 맞으시던 F 교감 선생님이 자리에 앉아 쳐다보지도 않는다.

"안녕하십니까? 교감 선생님. 저, 드릴 말씀이 있습니다."

"아! 말씀하세요."

"저 내일부터 집에서 점심을 먹고 제 출근 시간 맞춰서 나와도 되겠습니까? 학부모 사서 도우미 식사를 같이 좀 챙겨 주십시오."

"그렇게 하세요. 학습준비물실 학부모님이랑 같이 먹으라고 하죠. 뭐."

좀 당황한 듯 보였으나 그동안 매일 인사를 하고 한솥밥 먹던 급식실 식구가 갑자기 늦게 오겠다는데도 왜 그러는지, 무슨 문제로 그러는지 물어보지 않았다. 미리 예상하고 기다리고 있었던 것처럼. 마치 내 잘못인 양 학부모 사서 도우미에게 죄송했다. 어디 누구한테라도 구구절절한 속사정을 하소연할 데도 없고, 할 수도 없었다. 너무 속상했지만 밴드에는 짐짓 의연한 체 짧게 글을 올렸다.

오늘 하루도 수고 많으셨습니다.

잠깐 전달사항 알립니다. 저는 월요일부터 원래 정한 출근 시간인 12시 30분에 도서실로 바로 옵니다. 오전 업무에 관한 불편 & 전달사항을 공책에 메모 남겨주면 감사하겠습니다. 학부모님들은 12시까지(4교시 도서관 활용 수업이 있을 때는 12시 10분까지)

지원업무 마치는 대로 도서관 문 잠그고, 열쇠는 교무실에 걸어두고 식사하러 가시면 됩니다.

　즐거운 주말 보내세요.

　그렇다고 내 잘못이 아닌데 싶으니 억울했는지 정작 사과의 말도 없고 가타부타 이유 없이 앞으로 식사를 하고 가라고만 알렸다. 그리고 학부모들과 주고받던 도서관 업무 이야기는 책상 위에 메모를 남겨달라고 부탁했다. 그 후로 학부모 사서 도우미는 식사를 하지 않고 바로 집으로 가게 되었다. 같은 학부모라도 서로 모르는 사람끼리 밥 한 끼 먹자고 연락해서 만나고 할 학부모들이 아니다. 식사제도 자체가 없어져버렸다. (2017년 4월)

방금 도착한 반가운 우편물은 「도서관법 시행령」 제4조 제3항
및 같은 법 시행규칙 제3조 제3항에 따라 자격이 있음을 인정한
다는 문화체육관광부에서 발급한 사서 자격증과 부산여자대학
교 부설 사서교육원 준사서과정 수료증이다.

4.5점 만점에 4.43점 마지막 수료 성적으로 부산여자대학교 사
서교육원 준사서 과정을 이수했다. 도서관경영론 한 과목만 A,
나머지는 모두 A 플러스였다. 계약 전환에 대한 희망으로 힘든
줄도 몰랐고, 그만큼 간절했었다. 시험 칠 때도 제일 마지막까지
답을 적어 내면서 교수님 퇴근도 못 하게 했던 학생이었고, 교수
님 바로 앞 책상에 앉아 허리를 꼿꼿이 세우고 뒷사람들 학습권
을 일 년 동안 방해했는지도 모른다.

사실, 동문수학하던 동기들이 보면 이상했을 것이다. 이미 면
접으로 교육원생을 선별하였기에 저렇게까지 안 해도 이수만 하
면 되는데, 리포트면 리포트, 시험이면 시험, 밤을 새우면서 공을

들였다. 원래부터도 대충 하는 성격이 못 되는 데다 자격증을 가져오라고 주문했던 학교 측 관리자에게 나의 능력치를 정정당당하게 검증받고 싶었던 것 같다.

자격증을 복사했다. F 교감 선생님에게 누차 말했던 사서 자격증이 공수표가 아니었음을 증명해 보이고 싶었다. 마음 같아선 성적표도 함께 자랑하고 싶었다. 본교 도서관에 근무하는 사서가 월급만 축내는 무지렁이가 아니고 실력을 인정받고 뛰어난 성적의 소유자임을 증명서로 당당히 외치고 싶었다.

다음 날, 출근하면서 교무실에 들렀다. 마침 교감 선생님이 업무를 보고 있었다. 사서 자격증과 수료증을 넣은 파일을 주었다. '이게 뭡니까?' 놀라 쳐다보더니 이내 수긍했다. '아! 네.' 끝이었다. 파일을 꺼내 볼 생각도 않고 다른 말이 없었다. 책상 한편에 내려두고 다른 업무를 이어가는 교감 선생님에게 인사를 드리고 조용히 나왔다. '수고했네요.' 인사를 바란 건 아니지만 자격증을 받고 감격에 겨웠던 어제의 내 모습이 초라하게 느껴졌다. (2017년 7월)

학교도서관 운영 규정 공문서 아닌가요?

금요일 오후 17:32. 금요일이라 14시 30분 퇴근인데 아직 학교에 남아 있다. 너무 황당하고 어이없는 일로 충격에서 헤어 나오지 못하고 있었기 때문이다. 정신을 차려보니 낮에 온 메신저 답변을 하지 못한 것이 생각나 독서행사 담당 선생님에게 카톡 메시지를 보냈다.

1학기 때 도서관 담당 선생님의 갑작스러운 출산으로 업무 공백이 생기면서 도서관 운영에 대한 많은 부분을 우리 학교에 새로 부임해 온 독서행사 담당 선생님과 의논하고 진행했다. 1학기 신간 도서 자료 선택 기준과 구매, 개선사항 협의를 위한 학교도서관 운영위원회가 열리긴 했으나 도서관 담당 선생님이 없으니 임시로 온 초임 선생님이 준비하느라 미비한 점이 많았다. 2학기에는 학교도서관 운영위원회 소집이 없었다.

그런데 신간 도서 발주 선정업체라면서 도서관으로 전화가 왔다. 시스템 등록 시 주의사항과 요구사항을 알려달라는 내용이었다. 깜짝 놀랐다. 신간 도서 구매를 위한 위원 회의도 열리지 않았는데 도서 등록이라니! 바빠서 놓치긴 했지만 지금은 담당 선생님들도 모두 있는데 도서관운영위원회에서 선정 도서 재고 확인도 하지 않았단 말인가? 학교도서관은 수서가 중요하다. 어느 한 사람의 단독적인 결정으로 도서를 살 수가 없다. 학교와 학생에게 필요한 자료인지 선택을 신중하고 철저하게 해야 한다. 전문성도 유해 여부도 고려해 구매해야 한다.

도서 구입 체계를 투명하게 하여 학생들과 학부모들이 원하는 자료 선택과 장서개발을 할 수 있도록 각 학년 대표 선생님을 선출하여 학교도서관 운영위원회를 개최한다. 도서관 운영위원회 구성은 위원장으로는 교감 선생님, 부위원장은 교육과정 부장 선생님, 간사는 도서관 담당자 외 교사위원 5명, 학부모위원 2명이 일반적인 기준이다. 각 시도교육청에 따라 일부 조정하여 운영할 수도 있다. 어떤 학교는 학생위원이 함께 심사하기도 한다. 나는 계속 간사 자격으로 참여해오고 있었다. 어떻게 된 일인지 의아했다.

출산 휴가 후 2학기에 업무 복귀한 도서관 담당 선생님에게 연락했다. 신간 도서 선정업체에서 전화가 왔는데 운영위 소집 없이 어떻게 벌써 주문이 들어갈 수 있는지 여쭤보았다.

"어? 운영위원회 했는데요. 벌써 위원들 사인도 다 받았고요."

"네? 무슨 말씀이세요? 선생님 저는 참여하지 않았습니다. 학부모위원 학부모님들도 모르고 계실 텐데요. 어떻게 된 거죠?

"아니에요. 선생님, 학부모위원 사인도 다 받은 걸로 아는데요.

그래서 주문이 나간 거고요. 그리고 선생님은 학교도서관 운영위원이 아니라서 연락을 드리지 않았습니다."

"아니, 선생님 그게 무슨 말씀이세요? 여태 참여하던 위원회에 제가 없다구요? 학부모님도 운영위 참석하면 한다고 했을 텐데 전혀 그런 말씀이 없으셨습니다."

"아! 정말 이상하네요. 제가 오랫동안 자리를 비웠더니…. 일단 자세히 확인하고 다시 연락을 드릴게요."

연락을 기다리는 사이에 학부모위원으로 등록된 독서동아리 회장과 학부모 사서 도우미 회장에게 연락을 취했다. 믿고 있었지만 명확히 확인하고 싶었다. 두 사람 모두 학교도서관 운영위원회에 참여한 적이 없고 학교에서 따로 연락받은 것도 없다고 했다. 내용을 설명해주니 억울하다는 듯 큰소리가 돌아온다. 단연코 사인한 적도 없다는 거였다. 등줄기가 오싹했다.

도서관 담당 선생님에게 연락이 다시 왔다. 내용인즉 도서관 담당 선생님이 부재중이던 학기 초에 새로 온 F 교감 선생님이 학교도서관 운영 규정을 새롭게 만들라는 지시를 독서행사 담당 선생님에게 내렸고 그 내용 안에 간사자격도 위원자격도 바뀌고 나는 아예 제외한 거였다. 운영위원회는 생략하고 교사위원과 학부모위원들 사인을 받고 끝냈다고 했다. 정말 어이가 없었다.

"선생님, 어떻게 이러실 수가 있죠? 도서관 실무를 맡은 사람만 빼고 도서관 운영회의를 한다는 게 그런 일이 있을 수 있나요? 저는 운영위에서 말씀드리려고 그동안 도서관에 각종 불편사항 정리해서 모아두고 있었는데 도대체 이런 내용은 앞으로 어떻게 전달해야 하나요? 그리고 제가 방금 학부모위원들과 통화해서 확인했는데 본인들은 사인한 적이 없다고 합니다. 죄송하지만 학교도서관 운영위원회 개최 자료가 있으면 좀 보여줄 수 있습니까? 그리고 학교도서관 운영위원회 바뀐 회칙 내용도 좀 보고 싶습니다. 학부모위원들이 마침 학교 근처에 있어서 지금 바로 도서관으로 온다고 합니다."

"네, 그럴게요. 선생님 제가 찾아보고 보내 드릴게요."

도서관 담당 선생님은 메신저로 파일을 보내지 않고 회칙과 사인이 들어 있는 회의자료 한 부를 복사해서 직접 가지고 왔다. 와서 기다리고 있던 학부모들에게 사인을 보여주었다. 결과는 예상대로였다. 두 명 다 본인의 사인이 아니라는 거다. 학부모위원들은 부르지도 않고 누군가가 서명란에 대필을 한 것 같다고 했다. 공문서 아닌가? 정말 이래도 되나 싶었다.

도서관 담당 선생님은 교실에서 하던 업무가 급하다며 돌아가고 얼마 후 회칙을 만든 독서행사 담당 선생님의 전화가 왔다. 도서관 담당 선생님이 독서행사 담당 선생님에게 이 상황을 전하러 급히 나간 듯했다. 우선 전후 상황을 간략하게 전달했다. 담당 선생님도 없는 도서관을 차질 없이 꾸려가느라 힘든 일도 많았지만 더 열심히 했고 처음 온 선생님에게 힘이 되려고 노력했는데 일 년이 다 돼가도록 같이 일하면서 운영 규정을 바꾸고 운영위원회를 개최해도 어떻게 한마디도 알려주지 않았는지 섭섭함을 토로하고 통화를 끝냈다. 감정을 주체할 길이 없었다. 아연실색하고 앉아 있는데 통화했던 독서행사 담당 선생님에게 또 장문의 메신저가 왔다. 그래서 카톡 답변을 보냈다.

독서행사 담당 S 선생님
메신저에 대한 답글이 많이 늦었습니다.
　먼저 선생님 말씀은 이해가 갑니다. 선생님께선 충분히 그러실 수 있다고 생각합니다. 다만 처음 학교 올 때와 처우가 많이 달라진다는 점이 그동안의 노력을 무색하게 해서 좀 우울해집니다. (중략) 올해 들어서 새로 온 F 교감 선생님은 제공해주던 점심도 이제 못 준다고 했고 토론날 오전에 나오는 것을 초과근무 인정해주십사 부탁드렸을 때는 동아리 운영비에서 지급해서 받으라는 답변을 받았습니다. 그 긴 시간 노력이 이렇게 아무것도 아니었구나 하찮은 취급을 받는 것이 원통해서 일하다가도 울컥할 때가 많았습니다.
　그래도 학교 입장에서, 그리고 교감 선생님 시선에서 이해하고 생각하려고 노력했습니다. 도서관 담당 선생님이 부재할 때도 그 어느 때보다도 차질 없이 운영되도록 최선을 다했습니다. 그럼에도 불구하고 그 와중에 이런 운영 규정이 만들어졌고 제 존재가 잊히고 지워졌다는 것에 무력감이 듭니다. 그것도 이제야 알게 되다니…. 그리고 선생님은 제외하고라도 교사위원으로 등록된 여러 선생님들이 학교도서관 운영 규정이 상정되고 통과되는 과정에서 서명하면서도 어느 한 사람도 제 부재에 대해 한 말씀이 없었다는 것과 학부모위원으로 등록된 동고동락했던 학부모들까지 제게 아무 말이 없었다는 것에 너무 보잘것없는 존재감이 느껴져 저 자신에 대한 회의가 듭니다.

즐겁고 편안한 주말 쉬셔야 하는 선생님께 긴 글로 민폐를 끼치는 것이 너무 죄송합니다. 다만 오늘 알게 된 사실이 많이 충격적이었고 선생님의 따뜻한 메신저에 감동도 받았고 여러 생각이 많았고 업무 마치고 주절주절 쓰다 보니 아직도 퇴근을 못 하고 있습니다. 쓰면서도 긴 글 보내고 나면 후회할 거라는 자책도 들지만 이렇게라도 하지 않으면 너무 힘이 들 것 같아… 염치없는 무례를 용서해주세요. 그리고 선생님과 도서관 담당 선생님은 제 입장에서 최선을 다해준다는 것 잘 압니다.

다시 한 번 죄송하고 감사합니다.

선생님: 선생님 글 보니 더 죄송합니다. 선생님 속상한 마음 저에게 다 이야기하고 푸세요. 내년에는 선생님 처우가 더 개선될 수 있는 방향으로 노력해볼게요. 누구보다 열심히 애쓰고 노력하는 모습 저를 비롯해 여러 선생님이 잘 알고 있어요. 가끔 우리 학교 사서 선생님 너무 좋으시다는 이야기를 다른 선생님들께 듣습니다. 독서토론 동아리 회의 이끌어가시고 여러 활동 이어가는 것도 정말 대단해 보입니다. 내년에 제가 업무를 이어서 한다면 더 신경 쓸게요. 선생님을 일부러 배척한 것도 아니고 선생님 일을 쉽게 본 것도 아니었어요. 주말 잘 보내시고. 월요일부터 다시 힘내서 즐거운 지혜관 부탁드립니다.

나: 선생님 말씀에 더 부끄러워지네요. 괜한 글로 심려 끼쳐 죄송할 뿐입니다. 이해해준다니 그냥 다 풀렸습니다. 정말입니다. 제가 이리 단순한 사람이었나 싶을 정도로 이젠 괜찮습니다. 귀 기울여주셔서 정말 고맙습니다. 선생님도 즐거운 주말 되시기 바랍니다.

선생님: 그 늦은 시간까지 퇴근을 못 했다니 마음이 너무 아프더라구요. 주말 동안 홀홀 털어내시고 월요일에는 즐거운 발걸음으로 오세요!! 월요일에 뵙겠습니다.

담당 선생님들이 자꾸 바뀌니 내 처지나 그간의 노고나 계약관계를 말하지 않으면 모른다. 그렇다고 매번 바뀔 때마다 신세 한탄을 할 수는 없는 거였다. 내 일만 열심히 하면 된다고 생각했기 때문이다. 그런데 모르니까 이런 사태가 생겼다는 데 생각이 미치자 장문으로 보낸 메시지에 그간의 설움들을 쏟아부었다. 내 존재감을 역설하고 싶었던 모양이다. 그러나 다 부질없음을 보내놓고 또 후회했다. 다른 무엇보다 이 모든 일을 생각해낸 F 교감 선생님을 앞으로 어떻게 대해야 할지 막막했다. 그리고 내 문자를 받고 다시 카톡 문자로 격려해주던 독서행사 담당 선생님은 다음 해 도서관 업무를 맡지 않았다.

학교도서관의 자료는 학교 교육과정과 교육목표에 도움이 되도록 준비되어 있어야 한다. 그 자료를 파악하기 위해서는 교과과정을 철저히 분석하고 교과 관련 자료를 개발하기 위한 전문가의 지속적인 노력이 요구된다. 쉽게 말해 전반적인 교육과정을 꿰뚫고 있는 학교도서관 전담인력의 배치가 절대적으로 필요하다. 대부분의 선생님이 책을 아끼고 좋아하지만 그렇다고 도서자료를 모두 파악하고 있는 것은 아니다. 설령 아는 선생님이 있다 한들 모든 학교에 있는 것이 아니기 때문에 전문적인 인력을 중심으로 시도교육청의 체계적인 연수와 교육을 통해 지속적인 전담 인력을 양성해야 한다.

지금 시스템으로는 절대 불가능하다. 독서 담당 교사를 지정해주지만 독서만 담당하도록 내버려두지 않는다. 담임 선생님들이 맡으면 학급 학생들 건사하기도 업무가 벅찬데 언제 도서관 관련 연수나 교육을 들을 시간이 있겠냐는 것이다. 그리고 자료는 매년 넘쳐나고 교육과정도 시대의 변천 과정에 따라 지속해서 변화하는데 그 흐름을 따라가려면 기본의 틀을 유지하되 변화에 발맞추어야 한다. 적용 가능하고 독창적인 자료계발을 하기 위해서는 주야장천 매달려야 한다.

아이들에게는 창의적 사고, 융합, 혁신을 외치면서 정작 10년 넘게 바뀌지 않는 권장도서목록과 추천도서목록들은 왜 만들어 놓은 건지 모르겠다. 아이들 사고의 밑거름이 될 자료배치 공간인 학교도서관은 학교의 구석으로 내몰리고 있는 실정이다. 자료가 정체되어 시대의 흐름을 반영하지 못하고 있는데 아이들에게 더 큰 날갯짓을 하라는 건 맨땅에 헤딩하도록 등 떠미는 것과 진배없다. 정말 무책임하다.

혹자는 반론을 펼 수도 있겠다. 학교도서관을 이용도 하지 않는데 학교도서관 인력과 자료에 예산을 낭비할 수가 없다고. 이용자가 있어야 투자를 할 것이 아니냐고. 그 말도 완전히 틀린 말은 아니다. 학교 마치면 땡하고 학원으로 달려가기 바쁜 아이들이 언제 도서관에 들러 느긋하게 읽고 싶은 책을 볼 수 있겠나 생각할 수 있다. 다만, 그럼에도 불구하고 아이들이 학교도서관을 찾을 수 있도록 해야 한다는 것이다. 올해부터 '학교공간혁신사업'이 회자되고 있다. 2019년 학습자 중심 공간혁신사업 신청 대상학교를 선정해 2019년 후반기부터 사업 시행계획이 발표되었다고 한다.

대전광역시교육청 행정국 시설과에서 '학교공간혁신사업' 질의에 대한 국민신문고 답변을 참고하면 다음과 같다. '미래사회 주역인 학생이 주도적으로 참여하는 교육 활동을 통해 학습과 놀이 및 휴식 등 균형 잡힌 삶의 공간으로서 학교 만들기 사업으로 교실, 복도 등 학교 내 모든 공간을 대상으로 학교 교육과정과 연계하여 학생과 교사가 주도적으로 참여하는 사용자 참여 설계를 원칙으로 공간 수업, 워크숍 등을 통해 다양한 사용자 의견을 학교 공간에 반영합니다.' 시설 공사에 예산 집행이 되었나 보다.

지난 4월 동아리 토론 도서로 읽었던 부산원북원 선정도서 『어디서 살 것인가』(유현준, 을유문화사, 2018) 작가의 말이 생각났다. 우리 학교의 변화, 접근성이 떨어지는 도서관의 위치에 관해 주장한 부분이다. 건축전문가인 저자의 생각은 옳다. 학교 시설에 대해서도 그렇다. 교도소 시설과 흡사하다는 표현은 충격적이었다. 개선의 필요성을 강조하면서 역설한 부분을 잠깐 인용한다.

　우리나라에서 똑같은 옷을 입고 똑같은 식판에 똑같은 밥을 배급 받아먹는 곳은 교도소와 군대와 학교밖에 없다. 학교는 점점 교도소와 비슷해져가고 있는 것이다. 그나마 군대는 2년이면 제대하지만 학교는 12년을 다녀야 한다. 공간적으로나 여러 가지 면에서 우리는 12년 동안 아이들을 수감 상태에 두고 있다고 봐야 한다. 우리는 어쩌면 고등학교 졸업생에게 꽃다발을 주기보다는 두부를 먹여야 할지도 모르겠다. 인격이 형성되는 시기에 이런 시설에서 12년을 보낸다면 그 아이는 어떤 어른으로 자라게 될까? 똑같은 옷, 똑같은 음식, 똑같은 교실에 익숙한 채로 자라다 보니 자신과 조금만 달라도 이상한 사람 취급하고 왕따를 시킨다. 이런 공간에서 자라는 사람은 나와 다르게 생각하는 사람을 인정하지 못하게 될 것이다. 평생 양계장에서 키워놓고는 닭을 어느 날 갑자기 닭장에서 꺼내 독수리처럼 하늘을 날아 보라고 한다면 어떻겠는가? 양계장 같은 학교에서 12년 동안 커온 아이들에게 졸업한 다음에 창업하라고 요구하는 것은 닭으로 키우고 독수리처럼 날라고 하는 격이다.

『어디서 살 것인가』, 28쪽

　그런데 저자의 생각이 그대로 반영된 듯 갑자기 '학교공간혁신'이라니 시의적절한 타이밍이다. 저자가 제안한 기존의 학교 위치나 형태를 바꿀 수는 없으니 리모델링 차원으로 변화의 바람을 주자는 취지려니 한다. 하지만 누구를 위한 사업인지 모르겠다. 나라님이 바뀔 때마다 국책사업들이 우후죽순 쏟아져 나오지만 일관성 실효성 없는 정책들은 늘 반짝하고 사라졌다.

대규모 국가사업이 경제 발전을 이루어왔지만 우리나라의 최대 자산인 '인력'에 투자하고 지원하는 인간 중심이 아닌 겉으로 보여지는 외형의 성과물로 업적을 남기려 하니 우리 모두 그토록 원하는 진짜 '혁신'이 일어나지 않는 것 아닐까? 사람이 사는 세상, 사람이 바꿀 수 있고, 사람들을 깨워야 한다. 움직이게 하고, 일할 수 있게 하고, 연구할 수 있게 해야 한다.

최근 몇 년간 학교 사서 인력 배치는 축소 또는 제거하고 학교 도서관 최신 시설화 사업은 해마다 증가하고 있다. 결국 인건비 아껴서 벽에 색칠 다시 하고 창틀 고치고 책장 바꿔주고 책 몇 권 더 사는 셈이다. 외적 변화로 호객행위를 하는 건 아닌지 모르겠다. 그렇다면 그 계획은 과연 성공했을까? 깨끗하고 예쁜 학교도서관에서 책을 읽고 싶어 아이들이 부모님을 설득해서 학원을 빠지고 도서관으로 발길을 돌릴 수 있을까?

아이들은 그렇게 호락호락하지 않다. 학교도서관보다 예쁘고 멋진 곳은 얼마든지 외부에서도 찾을 수 있다. 보이는 외양이 알록달록 폭신폭신하다고 해서 도서관을 찾는다면 그곳 입간판은 놀이방이나 휴게소로 바꾸어야 한다. 놀고 싶게 만들어 놓고 조용히 책을 읽으라고 하는 것 자체가 모순이다. 그것이 과연 아이들을 위하는 것일까? 도서관은 책에 집중할 수 있는 환경이면 충분하다. 같은 값이면 다홍치마라고 안락하고 멋진 장소라면 더 좋긴 하겠지만 책을 진정 좋아하고 즐겨 찾는 독자는 책 내용에 집중하지 외부환경은 그다지 중요하지 않다는 것이다.

책의 가치를 알고 독서의 중요성을 알리고 그들 스스로가 책을 찾아 도서관에 올 수 있도록 이끄는 건 '책'에 달려 있다. 겉모양이 비싸고 깨끗하고 화려한 모습이 아닌 책의 본질이다. 그리고 아이들의 특성과 요구에 맞게 좋은 책을 선별하여 권할 수 있는 전문인의 역할이 필요하다. 1인 1학교 사서인력 배치, 그것이 무엇보다 중요하다. 그리고 교육과정이 책을 통한, 책 중심으로 변하면 된다고 생각한다. 독서교육종합지원시스템과 학교도서관 도서 자료를 활용하여 독서록을 작성하게 하고 교사는 이를 바탕으로 평가하고 수업내용과 관련된 추천 도서를 수업 중에 시스템에서 검색해서 학생들에게 읽어보기를 추천한다면 환상적인 운용일 것이다.

독서토론방 활용도 정말 좋겠다. 오늘 배운 내용이나 관련도서를 읽고 저마다의 생각들을 자연스럽게 끄집어낼 수 있도록 한다면 책 한 권의 가치는 무궁무진해진다. 그냥 한 권의 책이 아닌 내 인생의 책 한 권이 될 수도 있다. 도서관 자료를 직접 살펴보면서 현실성 있는 학생들의 구매 희망 도서를 파악할 기회도 될 것이다. 학생들이 원하는 책을 담을 수 있도록 방을 만들어 도서 구매에도 직접 참여할 수도 있도록 하고 구매를 희망한 책에 다른 학생들도 공감하는지 도서 구매 결정 의사를 묻는 찬반 투표방식도 괜찮겠다.

그렇게 책의 선택부터 구매, 관리까지의 과정을 함께한다면 아이들은 책에 관심을 가질 수밖에 없다. 학생과 교사가 함께하는 커뮤니티 운영으로 자료에 대한 다양한 정보를 자유롭게 교환하게 만드는 것도 전문 사서 혹은 도서관 사서교사의 몫이다. 또한, 이렇게 축적된 데이터를 바탕으로 전문 사서가 자료 선택에 참고할 만한 자료목록이나 추천자료 작성과 표목 관리에도 도움을 줄 수 있게 한다. 일거양득이다. 현재 사용하고 있는 좋은 시스템을 만들어놓고 대출과 반납 용도 이외에 많은 활용을 하지 못하는 이유와 원인을 찾아내는 노력부터 먼저 해야 한다.

학교도서관 담당자들이 교육과정에 적용할 수 있는 장서개발과 자료 선택 업무를 지속해서 연구 개발하기 위해서는 매진할 수 있는 시간을 제공해야 한다. 그러기에 전문 인력이 더욱 필요하다. 미래 주역이 될 아이들의 성장을 위해 온 힘을 다해 전력투구해야 할 교육 현장에서 주먹구구식으로 퇴직 교원이니 자활이니 학부모 지원이니 값싼 봉사 인력만 찾는 떠돌이 행정에만 치중하면서 어떻게 미래 비전을 설계하고 세계 변화에 대처할 수 있을지 답답하기만 하다.

그런 땜질식 도서관 담당자 배치 처방으로는 문제를 해결할 수 없다. 이는 아이들의 미래를 망치는 길이다. 알 만한 그들이 어찌 나만큼도 모를 수가 있을까. 아니 당연히 알고 있을 것이다. 그러나 혼자만의 힘으로 바꿀 수 없는 것이 학교 일이며 개혁을 원하지 않는 대부분의 교육자들이 변화 없이 무탈하게 자신의 임기만 채웠다 가면 된다고 생각하니 그대로일 것이다. 누굴 탓하겠는가? 시스템의 대변혁이 일어나지 않고서야 자리보전과 연명을 위해 고지식한 윗사람들 눈치나 보고 비위 맞추기에 급급한데 '이 제도는 꼭 시행해야 합니다.' '이 사람은 꼭 필요한 사람입니다.' 어떻게 목소리를 낼 수 있겠는가 말이다.

개인적으로는 살갑게 친분을 과시해도 자기 이익에 반하는 일로 학교와 싸워가며 굳이 나서려는 사람은 한 명도 없다. 말 한 마디 제대로 하는 사람을 보지 못했다. 학교장의 평가가 절대적인 시스템과 상명하복을 만드는 수직구조의 체계 속에서 큰 소리 냈다가 미운털 박히면 이로울 것이 하나도 없는데, 나 홀로 세계 평화를 주창하는 꼴이지 않을까. 자신의 안위를 담보로 아이들의 꿈과 희망을 위해 자유롭고 긍정적인 변화를 제안할 이가 어디 있을까 말이다. 역지사지, 내가 그 입장이라도 그러지 않았을까 이해하려고 노력하지만 쉽지 않다. (2017년 12월)

　교장실에서 수모를 당했다. 그때의 수모는 기록하지 않았다.
그럼에도 불구하고 가슴에 비수로 꽂혔던 그 한마디 한마디 말
들은 아직도 생생히 기억되고 있다. 어제 일도 제대로 기억하지
못해 세월을 실감하는 요즘의 나인데 잊고 싶은 그 말들은 끈질
기게 살아남아 평안하고자 하는 인생을 울퉁불퉁 비포장도로같
이 만들어놓았다. 그 말들은 그 시간 이후로 일파만파 일을 확
대한 계기가 되었다. 호미로 막을 것을 가래로 막는다는 말이 딱
맞다. 말 한마디의 소중함을 되새기는 그 말은 이랬다.

　한 학부모의 연락을 받았다.
　"선생님, 학교 홈페이지에 사서 모집에 대한 글이 올라왔던데,
혹시 선생님 그만두십니까?"
　머리가 하얘지는 기분이었다. 아니라며 대충 대화를 끝내고 홈
페이지에서 공지사항 글을 확인했다. 정말 있었다. 아! 이럴 수

가!

2018학년도 퇴직 교원 대상 도서실 사서 도우미 채용 공고였다. 2017년 12월 18일 자로 올려져 있다. 거기에다 교육청 사서교사 지원 공모도 있었다. 어떻게 된 일인지 확인을 하고 싶었다. F 교감 선생님에게 면담 요청 메신저를 보냈다. 채용공고가 어떻게 나갔는지 계약 관련해서 여쭤볼 것이 있다고. 거절했다. 계약 관계라면 G 행정실장님에게 물으라는 답변만 보내 왔다. 다시 행정실장님에게 질문했다. 행정실은 자세한 내용은 모르고 교장 선생님 지시였을 거라고 또 대응하지 않았다. E 교장 선생님에게 다시 요청했다. 오라는 연락이 왔다. 교장실로 올라갔다. 사서 도우미와 사서교사 공모에 관한 공지를 보았는데 어떻게 된 일인지 질문을 해도 알려주는 사람이 없어서 실례하게 되었다고 인사를 했다. '그건 선생님과 상관없는 일인데, 사서 도우미 학부모님들 대신 학교지원 오는 분이지요.' 운동기구를 닦으면서 쳐다보지도 않고 대충 대답했다. 기분이 정말 나빴다. 더 묻지 못하고 나왔다. 도서관 인력 채용인데 나랑 상관없단다. 나는 사람이 아니구나!

어디에도 내가 원하는 친절한 답을 찾지 못해 부산교육청 행정관리과 유·초등 담당 주무관에게 전화했다. 나의 대략적인 학교 이력을 알리고 지금 처한 상황과 향후 계약에 대한 불안한 심경까지 말씀드렸다. 친절하게 잘 들어주셨다. 정말 고마웠다. 내 말에 정성껏 귀 기울여주는 누군가가 있다는 것만으로도 한결 마음이 누그러졌다. 더불어 안타까워하면서 부당한 업무처리에 대해 개입해서 중재해주겠다고 했다. 얼마 있지 않아 행정실장님에게 연락이 왔다. 교장실에서 만나자고 했다. E 교장 선생님, F 교감 선생님, G 행정실장님이 함께했다. 원하는 게 뭔지 물었다. 할 말을 해보라고 했다. 친절하지 않은 말투였다. 자격증을 취득하게 된 사유와 내년 계약에서 재고해줄 것을 말씀드렸다. 한마디로 거절했다.

E 교장 선생님은 막말을 했다.

"사서 자격증, 그거 돈 주면 받을 수 있는 자격증 아닌가?"

F 교감 선생님은 너무 심한 말을 했다.

"자격증 딴다고 쓴 돈을 우리한테 얘기하는 이유가 뭐죠?"

G 행정실장님은 원천적인 계약을 무효화시켰다.

"그동안 봉사하시려고 나온 거 아닙니까?"

세 명 다 결국 돈이었다. 내가 원하는 게 '돈'이라고 단정하고 특정지어 내뱉는 말들이었다. 나는 돈을 요구한 적이 없다. 돈 때문에 학교에 있었던 게 아니다. 돈에 가치를 두었으면 일 년 치 연봉이 그들의 한 달 월급에도 못 미치는 월급을 받으면서 다녔겠는가. 내 삶의 가치까지 폄훼하고 퇴색하게 하는 그들의 잘못된 시선이야말로 내가 깨부수고 싶은 거다.

사서교육원 등록금은 솔직히 부담스러웠던 게 사실이다. 내 다섯 달 치 월급에 해당했기 때문이다. 아이들도 한창 학비가 많이 들어가는 시기였기에 그만한 지출을 결심하기가 쉽지 않았다. 그래도 감내했던 건 학교관리자 그들의 달콤한 핑크빛 약속을 믿었기 때문이다. 생활이 더 궁핍해지고 어렵더라도 견뎌야 한다고 생각했다. 그래서 했다. 그렇지만 그들에게 돈을 빌미로 구걸할 생각은 추호도 없었고 내색조차 하지 않았다. 그런데 '돈'을 밝히는 속물 취급을 당하니 그 자리가 미칠 듯이 불편했다. 여기가 학교이고 그들이 교육자인가 싶었다.

추가로 재계약 의사도 없으며 다시 계약이 이루어지더라도 봉사자로밖에 채용이 되지 않는다는 그들이 이미 내정한 채용규칙만 되풀이했다. 물론 내 사정은 딱하지만 이 학교도 거쳐 가는 과정의 관리자로서 계약직 전환 근로자를 채용하게 되면 비용을 개별학교에서 부담해야 한다는 교육청 지침을 받은바 학교 재정에 부담을 남기는 계약을 현시점에서 할 수 없다는 학교 입장만 들었다. 학교 측 입장은 잘 알았고 그에 대한 내 입장을 정리해 다시 말씀드리겠다고 하고 끝냈다.

나는 무언가를 해야 했다. 이대로 수용하기엔 너무 억울하고 부당하다는 생각밖에 없었다. 내가 할 수 있는 일을 정리해야 했다.

'봉사'의 사전적 의미는 '국가나 사회 또는 남을 위하여 자신을 돌보지 아니하고 힘을 바쳐 애씀'이다. 영어로는 Service와 Volunteer 둘 다 의미하고 있지만 우리나라에서 흔히 통용되는 봉사는 '자원봉사' Volunteer를 말한다. 그 사전적 의미는 '어떤 일을 대가 없이 자발적으로 참여하여 도움. 또는 그런 활동'이다. 자원봉사활동 기본법 제3조에 명시한 정의에도 개인 또는 단체가 지역사회 · 국가 및 인류사회를 위하여 대가 없이 자발적으로 시간과 노력을 제공하는 행위를 말한다. 눈에 띄는 항목이 '대가 없이'다. 학교가 요구한 봉사와 내가 생각했던 봉사는 그 의미부터 달랐던 것 같다.

언젠가부터 국가나 지역단체나 학교에서도 '정' 많은 우리나라 사람들이 남을 돕고자 하는 순수한 마음을 이용해 자원봉사를 강조하는 사회 분위기를 만들었다. 그렇게 일을 하고 싶으면 무임으로 봉사하라는 거다. 입시를 준비하는 학생에게는 자기소개서에 버젓이 자원봉사로 한 일이 어떤 것이 있는지에 대한 문항을 만들었고, 공익광고나 뉴스에도 연예인을 동원한 자원봉사 실천 현장을 보여주며 봉사를 하고 나면 더 큰 행복감을 맛볼 수 있다는 등 매체로도 홍보하고 자극했다.

그러나 자원봉사를 너무 남발하거나 악용하면 취업률이 떨어진다. 취업률과 실업률은 국가의 중요한 경제지표이다. 국민의 행복지수와도 연관되어 있다. 자원봉사 체제로 다 운용을 하고 싶겠지만 그렇게 되면 세계적인 경제발전을 이룬 우리나라의 체면이 말이 아니게 된다. 나라의 위상도 세우고 국민들도 아무 저항이 없게 하는 것이 기존의 계약 체계였던 것 같다. 비정규직의 양산, 시간제 고용이다. 일자리는 많이 늘어난 것 같지만 국민들은 궁핍하다. 올바른 일자리는 아니나 일을 하는 것만으로도 만족하게 하는 고용체계다. 평생직장이 아닌 평생직업, 평생교육을 널리 홍보하면서 기업이나 단체의 고용 부담과 책임은 줄이고 국가와 기업을 위해 평생을 헌신한 노동자들의 노후를 이제 와서 나 몰라라 외면하는 격이다.

멀쩡히 회사 잘 다니는 직장인들이 대량 해고 사태를 맞이하며 병합, 폐업과 파업, 실직 등이 일어났던 국가 외환위기 사태를 기점으로 IMF 구제금융 요청을 하면서 우리나라는 IMF의 개입에 의한 경제개혁을 단행한다. 행복한 미래를 보장하지 못하고 국민의 안전을 책임지지 못했던 국가는 개인의 노후대비를 개인이 준비하도록 강조했다. 노후보장의 안전자산임을 세뇌하며 국민연금을 기치로 국민의 허리띠를 더 졸라매게 했다.

조직이나 단체의 원활한 운영을 위한 기존의 고용 관계는 제한된 일부 인력만으로 유지하고 대량 감축을 진행하는 일은 일상이 되었다. 희망퇴직을 종용하고 권하는 사회, 저녁 있는 삶이라는 근사한 슬로건을 내세워 근무시간 축소, 한 사람이 일하던 사업장에 시간제한 단기 알바나 무기 계약 전환이 되지 않는 단기 계약자 두세 사람을 분업 채용해서 실업률은 낮추고 취업률을 높이기 위한 편법 운용을 한 것이다.

유일한 계층 사다리였던 입시제도는, 일반인은 도저히 해독 불가능해서 해석 가능한 계층만이 갈 수 있도록 선 긋기를 한 것이 아닌지 의심이 될 정도의 수천 가지 전형을 잉태했고, 말로는 그럴싸한 1인 창업 시대, 성공률의 정확한 데이터도 없으면서 무작정 1인 창업자를 꿈꾸게 하는 대학, 공무원이 하늘의 별 따기마냥 어렵게 된 공시촌 문화를 만들었다. 단순한 노동을 해야 하는 업무는 4차 산업혁명의 물결에 휩쓸려 프로그래밍된 로봇 시스템을 적용하여 모두 사라지고, 기업의 인재 채용에서는 인간의 목숨을 담보로 하는 고급 기술을 수련하는 의사도 아닌데 '인턴사원' 제도를 만들어 무임금 또는 저임금으로 사람을 평가하고 자연스레

내치는 파렴치 행위를 인정하는 사회 분위기를 만들었다.

그리고 일하러 가지 않는 시간에는 봉사활동으로 삶의 만족감을 채우라는 시스템을 만들었다. 멀쩡한 일자리를 없애고 재능기부나 자원봉사자를 찾는 사례는 이제 차고 넘친다. 예산이 부족하다는 이유로 국가행사에 걸핏하면 고급인력을 자원봉사로 모집하는 것은 분명 자원봉사의 의미를 악용하는 것이다. 무상노동을 강요하는 행위는 착취다. 노동에 대한 최소한의 대가인 최저 임금을 주려면 최저 노동을 바라야 한다. 그러나 우리에게 요구하는 봉사활동들은 강도를 훨씬 뛰어넘는 활동들이다. 전문적인 기술과 자격을 요구하는 자원봉사 활동가를 찾는 몰염치한 단체도 많다. 그러면서 '열정페이' 운운하는 그들의 행태는 국가의 대규모 행사 때마다 애국심에 호소하며 동원됐던 수많은 자원봉사자를 마음껏 부린 정권에게 배운 것이 아닐까 한다. 임금을 지급하지 않아도 움직여주는 인력들이 이렇게 널려 있는데 국고를 함부로 열 수 없다는 거다. 그 인건비 아끼고 아껴서 누가 잘살게 되었던 걸까?

앞서 언급한 자원봉사의 의미 중 주목해야 할 두 번째 항목은 '자발적'이다. '자발적'이라는 단어를 다시 풀어보면 '남이 시키거나 요청하지 아니하여도 자기 스스로 나아가 행하는, 또는 그런 것.'이다. '누가 시키거나 요청하지 않는', '자기 스스로 나아가 행하는' 두 가지 요건에 만족하는 행위 그것이 '자발적'인 것, 즉 자원봉사이다. 우리 사회에 팽배한 자원봉사 시스템을 자세히 들여다보면 자발적일 것을 포장한 봉사를 요구한다. 다시 말해 시켜놓고 '시켰다고 말하면 안 돼!' 식이다. 학생들은 학교에서 정한 봉사점수를 채우기 위해, 모든 일반인과 대학생들은 취업을 위한 스펙 쌓기 용도로, 학부모들은 자녀를 위해 자원봉사 활동을 한다. 엄연한 목적이 있는데 이것을 자발적이라고 할 수는 없다. 자신의 필요에 의해 혹은 하라고 하니까, 점수를 매기니까 하는 거다. 모든 사람이 다 그런 것은 아닐 수도 있다. 그러나 진정한 봉사를 위한 자원봉사자가 과연 몇 퍼센트나 될까?

봉사의 의미를 굳이 찾아가며 확인하기 전에 그들은 알아야 한다. 나는 봉사자로 채용된 것이 아니다. 우리 학교 어디에도 볼 수 없는 초단시간 계약서이긴 하지만 계약서가 엄연히 존재하는 근로자이다. 그런데 대가 없는 봉사를 운운한 것 자체가 학교 행정을 보고 있는 최고 관리자의 입에서 나올 수 있는 말인지, 그동안 계약한 시간보다 훨씬 초과한 시간과 무임금 노동으로 학교도서관을 지켜온 직원에게 '돈'을 들먹일 수 있는지, 그들이 요구한 자격증임에도 나의 희망이었던, 그래서 죽을 만큼 열심히 취득한 자격증을 한마디 말로 휴짓조각으로 만들어버릴 수 있는지, 어떻게 그럴 수 있는지 나는 모르겠다. 땅바닥에 내팽개쳐지고 신발 밑창으로 짓이겨지는 듯한 느낌이었다.

언어 폭력도 폭력이다. 원 투 쓰리 계속 날아온 연타로 정신이 없었다. 모욕감을 준 그 말, 말, 말들을 내뱉는 중에도 서로가 아무도 심하다는 소리를 하지 않고 한 사람 저세상으로 보내버리는 랩 배틀이라도 열린 듯 강도를 더해갔다. 학교에서. 그것도 교장실에서. 최고 관리자들이 초단시간 비정규직 근로자 하나 내 보내려 별별 말을 다 하고 있었다.

 학교에서 가장 안전한 장소인 줄 알았던 교장실은 가장 밀폐된 공간이었고, 다른 누구의 간섭이나 개입이 안 되는 언어 폭력의 비밀 아지트였다. 3대 1로 몰매를 맞고 나는 만신창이가 되어 버렸다. (2017년 12월)

초단시간
근로자라고요?

'2017년 12월 27일, 오늘 부산 기온이 영하 5도입니다. 바람도 세차게 불어 체감온도는 더 낮은 것 같습니다.' 부산 지방 뉴스에 날씨를 알리는 기상예보였다. 아침 일찍 집을 나섰다. 고용노동청, 고용지원센터, 노동조합을 차례로 방문할 예정이다. 앞날이 걱정되어 머리는 복잡하고 마음은 무겁지만 제대 후 대학 복학을 준비 중인 아들과 내년에 고등학교 진학을 앞둔 딸아이를 생각하니 앉아서 아무것도 하지 않으면 안 될 것 같아 나서긴 했지만 감기 기운으로 오한이 드는 건지 세찬 바람과 맞서며 걸으니 한기가 느껴지는 건지 이가 부딪힐 정도로 떨려왔다. 고용노동청 상담원을 찾아갔다.

"제가 주 14시간 근로 계약자입니다. 근무시간은 계약 시간보다 훨씬 많았…."

뒤에 말은 들을 필요도 없다는 듯이 손을 휘휘 내저으며 말한다.

"초단시간 근로자네요."

"예? 초단시간 근로자? 제가요? 그게 무슨 말인가요?"

"주 15시간 이상 근로자를 단시간 근로자라 하고, 주 15시간 미만이면 초단시간 근로자라 합니다. 초단시간 근로자는 법적 보호를 받을 수가 없다고 규정되어 있습니다."

"예에…? 아니."

"해드릴 게 아무것도 없습니다. 애당초 그런 계약을 하면 안 되지요."

참담했다. 무식하고 한심하게 바라보는 시선이 느껴졌다. 너무 창피했다.

빨리 그 자리를 벗어나고 싶었다. 그런데 다리에 힘이 풀려 바로 일어날 수가 없었다.

다음으로 고용지원센터 상담원을 만났다.

"제가 지금 일하는 직장에서 2월 말 계약만료가 되는데 쉴 수 있는 입장이 아니어서 구직정보 도움 받으려고 왔습니다."

상담원이 구직등록 자료를 검색하며 얘기한다.

"선생님, 직업상담 자격증도 있으세요?"

"아뇨. 1차 시험만 합격하고 2차 준비 중에 학교 일을 시작하게 되어 응시를 못 했습니다. 그즈음에 구직신청을 한 적이 있어서 기록이 남아 있나 봅니다."

"아! 네. 1차라도 괜찮습니다. 2차 시험 놓친 게 아깝긴 하네요."

"그래도 학교 일 하면서 사회복지사 자격증과 사서 자격증을 취득했습니다. 도움이 될까요?"

"네, 당연하죠. 사회복지사 자격증만으로도 직업상담사 구직 가능한 공모가 있었는데 확인해 드릴게요."

잠깐 살펴보더니 이어 얘기한다.

"선생님 일주일만 일찍 오셨더라면 좋았을 텐데요. 지원신청 마감되었네요. 혹시 운전 가능하십니까?"

"아뇨, 면허증은 있지만 하지는 못합니다."

"요즘은 운전 가능 여부도 채용에 많이 작용하고, 나이도 좀…. 선생님 지금은 적당한 자리가 없어 보입니다. 사서 자격증도 있다 하니 학교는 교육청에서 구직을 따로 관리하기 때문에 저희한테는 자료가 없습니다. 원하는 학교 홈페이지에서 수시로 직접 확인해보시는 것이 나을 것 같습니다. 도움 드리지 못해 죄송합니다."

힘이 빠졌다. 아무 말도 하지 못하고 나왔다. 옷을 껴입고 나왔는데도 온몸이 부들부들 사시나무 떨리듯 떨려왔다. 추위 때문만은 아닌 것 같았다. 이대로 돌아갈 순 없었다. 교장실에서 언어폭력을 자행했던 그들과 다시 마주하려면 방패든 무기든 가져가야 했다. 또 맨몸으로 가서 두들겨 맞을 수는 없었다.

어제 다급한 목소리로 전화 상담하며 도움을 받았던 전국민주노동조합총연맹 '학교도서관 사서' 담당 노조 간부에게 전화를 걸어 사무실로 찾아가겠다고 했다. 어떤 끄나풀이라도 잡아야했다. 담당자는 내 목소리에서 절박함을 느꼈는지 택시에서 내려 사무실 위치를 찾지 못해 한참을 헤매는 나를 위해 일부러 큰길까지 나와주었다. 따뜻한 차를 내어와 내 얘기를 귀 기울여 들어주었다. 이미 전화로 상담할 때부터 노조 가입 조건에 맞지 않는 근로자는 노조도 보호할 수가 없다고 했었다. 단시간 근로자 이상만 가입 가능하기 때문에 사무실에 와도 특별히 도와줄 수 있는 것이 없다고도 했다. 그렇지만 상담과 안내는 가능하니 언제든지 필요하면 다시 연락하라던 그 한마디에 의지해서 여기까지 찾아온 것이었다. 자초지종을 말하고 그간의 사정과 먼저 다녀온 기관들 얘기까지 간략하게 말했다.

"학교도서관에서 사서 업무를 맡아 일했습니다. 2년 전에 D 전교감 선생님께서 사서 자격증을 준비해 오면 계약서를 정상적으로 다시 쓰자고 말해서 사서교육원에서 1년 과정 수료하고 지난 8월 준사서 자격증을 취득하였습니다. 그런데 약속한 교감 선생님은 다른 학교로 가고 학교 측에서 저에게 한마디 통보도 없이 도서관 직원 구직과 교육청 사서교사 공모를 진행하였습니다. 자격증에 맞는 재계약을 말했더니 학교 재정과 무기 계약에 대한 부담을 이유로 공모 당첨되면 저는 더 필요가 없고 공모가 안되더라도 봉사자로 계약 변경하여 채용할 수밖에 없다고 합니다. 급여도 지금보다 더 낮아질 거라며 일방적인 조건을 제시합니다. 이대로 그만두어야 하는 상황인데 어떻게 해야 할지 도움받으려고 왔습니다."

긴 얘기를 열심히 들어주던 노조 사무실 상담 선생님의 첫 마디도 앞서 만난 다른 기관의 상담원과 별반 다르지 않았다. 그렇지만 내 얘기에 관심을 보이고 공감해주는 모습에 진심이 느껴졌고 그것만으로도 의지가 되었다. 적극적인 상담 선생님의 눈빛을 마주하자 눈물이 주체할 수 없이 흘렀다. 봇물 터지듯 그간의 설움들이 밀려 나왔다. 낯선 사무실 처음 만난 사람 앞에서 못 볼 꼴을 보이는 것이 창피하다는 생각은 들었지만 마음대로 제어할 수 있는 눈물이 아니었다. 화장지를 옆에 가져와서 그렇게 한참을 기다려주었다. 딱하다는 듯 보면서 말한다.

"왜 이런 조건으로 이렇게 오랫동안 일하셨어요?"

답답하고 화가 치밀어 오르는 걸 자제하는 듯 다시 차분하게 설명을 이어갔다.

"일단, 교육청에서 비정규직 정규직화 심의 중입니다. 그런데 심의 명단에 선생님 이름이 올라 있는지 학교 측에 확인부터 하고요. 혹시라도 누락되었다면 누락 사유도 여쭤보십시오. 그리고 선생님에게 통보도 없이 다른 사람 구직행위를 하는 것 자체가 불법입니다. 그리고 심의 명단에 올라 있다면 교육청과 정부의 심의 결과가 나올 때까지 계약기간 만료를 이유로 계약을 파기하거나 새로운 조건으로 변경할 수 없습니다. 2월 말까지 심의가 완료되지 않으면 자동 계약 연장도 가능합니다. 그리고 학교 도서관 퇴직 교원 자원봉사자 구직공고는 작년에 여러 가지 제도적인 문제가 많아 폐기되었습니다. 공고 자체가 안 됩니다. 학교 측에 그것도 바로 알아보라고 하십시오."

처음 듣는 용어도 많고 생각지도 못했던 내용이라 노트에 메모한 글을 다시 읽고 들었던 내용을 떠올려도 절반은 이해하고 절반은 어떻게 해야 할지 몰랐다. 다음 날 아침 염치 불고하고 알려준 개인 전화번호로 연락을 했더니 바로 답이 왔다. 교육청에서 각 학교에 보낸「공공부문 비정규직 정규직 전환 가이드라인」을 안내한 공문(부산교육청 공문 계약 기간 만료 도래 기간제 근로자에 대한 안내와 조치요령 참조)이 있으니 사진 자료를 보내겠다고 했다. 받은 자료를 자세히 살펴보니 주된 내용이 기존 근로자를 우대하여 계약을 진행하라는 것이었다. 우리 학교 관리자의 행태와는 전혀 다른 지침이었다. 비분강개했다. 관리자 3명이 짜고 치는 게임에 휘말릴 뻔한 것이다.

'초단시간 근로자'라는 단어도 고용노동청에서 처음 들었다. 아! 내가 초단시간 근로자구나! 그제야 각종 교육청 공문 곳곳에 표시된 '주 15시간 미만 근로자는 제외'라는 항목이 떠올랐다. 그래서 한 시간 연장을 그토록 안 해줬던 거구나! 한 시간의 간극이 이렇게 큰 것이었구나! 이렇게 또 편을 가르고 벽을 치는구나! 함부로 보냈던 한 시간, 허투루 보낸 한 시간이 모여 돌아와 나를 이렇게 힘들게 하는구나! 자업자득이다. 인생은 부메랑이다. 심은 대로 거두고 뿌린 대로 난다. 그런데 내가 원했던 것도 아니고 선택했던 것도 아닌데? 아니다! 내가 선택하고 사인도 한 거였다. 그러네. 그런데 이런 건 줄 몰랐다. 너무 무지했다. 모르니까 당하는구나! 공부해야 하고 알아야 하는구나! 한동안 생각의 소용돌이 속이었다. (2017년 12월)

불
법
적　부
당
　행
위

　고용노동청, 고용지원센터, 노동조합의 조언을 바탕으로 부당
함을 정리하여 어디에라도 도움을 요청해야겠다고 결론을 지었
다. 탄원서를 준비해야겠다고. 그러고는 오전에 행정실장님에게
전화를 했다. 계약 기간 만료 근로자 심의 명단에 내가 있는지
물었다. 있다고 했다. 알아본 바로는, 학교에서 행하는 일련의 일
들이 불법적이고 부당한 처사라고 말했다.

　부산교육청 공문에 따르면 계약 기간 만료 도래 기간제 근로
자에 대한 안내와 조치요령에 심의 명단에 올라 있는 계약자는
교육청과 정부의 심의 결과가 나올 때까지 계약만료를 이유로
계약을 파기하거나 새로운 조건으로 변경할 수 없고 2월 말까지
심의가 완료되지 않으면 자동 계약 연장도 가능하다고 했다. 탄
원서도 올릴 생각이라고 알렸다. 제 입장을 말씀드리고 싶다고
다시 잠깐 시간을 내어달라고 했다. 거부했다. 화를 냈다. 법대로
하라고 했다. 손이 부들부들 떨렸다. 무서웠다. 이미 엎질러진 물

이 되어버렸다.

 몇 시간 뒤 출근을 했다. 학교 후문 출입구에 행정실장님이 나와 있었다. 나를 불렀다. 기다리고 있는 거였다. 통화에서 법대로 하라던 강압적인 목소리가 아닌 한층 부드러워진 톤이었다. 얘기를 다시 하자고 했다. 교장실에서 학교관리자들과 다시 모였다. 어제보다 더 떨렸다. 호랑이 소굴에 끌려가는 기분이었다. 거기가 어떤 곳인지 알고 난 뒤라 두려움과 공포가 더 심하게 느껴졌다. 얼굴은 상기되고 심장은 두방망이질쳤지만 곧 죽어도 의연하게 버텼다. 도대체 할 말이 뭐냐고 물었다. 우선 이렇게 소란스럽게 해서 미안하다고 했다. 진심이었다.

 사전 통보나 협의 없는 사서 채용 공고, 졸속으로 진행한 학교도서관 운영위원회 회칙 변경, 사서교육원 자격증 폄하 발언, 돈을 요구하는 파렴치한 취급, 봉사자로 확정한 계약 시도 등 이 모든 일이 나의 존재를 거부한 행위이고 '봉사'를 빌미로 계약 해지 의사를 밝힌 거나 다름없음을 얘기했다. 사실 이렇게 일목요연하게 술술 말하진 못했다. 많이 버벅거리고 중간에 말이 끊어지고 같은 말도 되풀이했던 것 같다. 그래도 그 느낌이 전달될 만큼은 표현했을 거다. 어제 한 발언들로 섭섭하고 상처를 받았다고도 말했다. 그에 대해 또다시 오늘의 어록으로 돌아왔다.

 E 교장 선생님은 공익을 강조했다.

 "개인적인 권리도 중요하지만 공익을 우선해야 합니다."

 F 교감 선생님은 발을 뺐다.

 "그 서류는 담당 선생님이 알아서 만들어 올린 거고 나는 사인만 했지."

G 행정실장님은 높은 벽을 쳤다.

"학교가 그렇게 쉽지 않습니다. 저도 어렵게 공부하고 들어왔습니다."

모두 또 다른 상처의 말들만 쏟아냈다. 위선과 거짓과 거만의 집단 지성을 보여주었다. 평소 교장실에서 칩거하며 복지부동하던 교장 선생님이 공익을 말할 수 있나? 아무것도 모르는 임시 선생님이 지시도 없이 서류를 만들 수도 없거니와 회칙 만든 선생님에게 교감 선생님의 지시가 있었다는 말을 확인까지 했는데 말이다. 내가 높고 높은 그들의 성벽을 무단으로 넘기라도 한 것처럼 유리 벽의 실체인 철벽을 여지없이 보여준 행정실장님은 선을 더 명료하게 그었다.

회의 올라가기 전 노조 사무실에서 보내준 공문 복사본도 챙기고 집에서 가지고 나온 사서교육원 성적표와 자격증, 학교 계약서 원본 서류도 챙겼다. 어제 그들의 막말에 대한 반론과 근거 제시용이었다. 그리고 방어용으로 나의 주장을 입증해줄 증인을 요청해놓았다. 바로 공문 내용의 사실성을 뒷받침해줄 교육청 행정관리과 주무관이다. 앞서 공문의 실체를 확인하고 적용하지 않는 우리 학교의 실태를 알렸다. 교육청 주무관님은 우리 학교 행정실에 직접 전화를 해서 공문 내용을 다시 전달하고 사서 채용에 대한 학교 홈페이지 공지 글도 내릴 수 있도록 조치해주기로 했다. 교장실에서 회의하는 동안 예산 집행 담당 행정실 직원이 전화를 받았던 모양이다. 한창 설왕설래하고 있는데 행정실

직원이 노크하고 들어왔다. 시선이 일제히 쏠리자 그는 불쑥 들어온 이유를 설명했다.

"교장 선생님, 교감 선생님. 말씀 중에 죄송합니다. 제가 방금 교육청 행정관리과에서 온 전화를 받았는데 지금 말씀 중인 사안과 관련이 있는 것 같아 먼저 전달을 하는 것이 맞는 것 같아서 이렇게 들어왔습니다. 말씀드려도 될까요?"

"네, 말씀해보세요."

교장 선생님이 답하자 행정실 직원이 이어 말했다.

"본청 행정관리과 주무관님이 말하기를, 석정연 선생님 계약 관련하여 지난 11월 본청에서 내려온 공문, 무기 계약직 전환 직원에 대해 학교 의견을 물었습니다. 그때 학교 의견을 제출한 바도 있고요. 기억나시지요? 그런데 그 의견 반영을 결정한 단계가 아니고 의견이 올라가 있는 상태이니 지금 퇴직 교원 모집을 하는 것은 잘못되었다고 일단 보류하는 것이 어떠냐고 하십니다. 그리고 제가 퇴직 교원 신청은 행정실에서 한 것이 아니고 교감 선생님께서 한 것이라고 말씀드렸더니 선생님 계약 만료일 전에는 퇴직 교원 신청 공지하면 안 된다고 일단 보류하라고, 홈페이지 공지도 내리라고 알려주셨습니다. 그리고 무기계약 직원은 정원 외 관리고 예산이 많이 들어서 선생님을 계약 정리시킨다고 11월 보고 올렸고, 도서관 활성화 사업 신청한 건에 대해서는 사업만 지원하는 것이 아니라 사람도 준다고 합니다. 사람도 보내준다고."

속사포처럼 자기 할 말만 막 쏟아내던 행정실 직원을 보며 교감 선생님은 우물쭈물 끼어들지는 못하고 말을 막으려는 건지 그 표정에 여러 가지가 묻어났다. 모든 얘기가 내 편을 든 건 아니었지만 잘잘못을 가려주고 진실을 토해내니 잠시나마 속이 시원했다. 구세주 같았다. 아니 슈퍼맨 아니 정의의 태권 V 같았다. 정신 차리라고 찬물을 확 끼얹은 것 같았다. 다 듣고 E 교장 선생님과 G 행정실장님은 많이 위축된 모습이었고, 항상 속을 알 수 없는 포커페이스, 나를 배척하고 앞에서는 우아한 척, 그동안 은밀하게 했던 물밑 작업이 탄로 난 F 교감 선생님만 불편한 심기를 드러내듯 퉁명스럽게 한마디한다.

"아니, 그러면 남부교육지원청에 퇴직 교원 뽑아서 보고하기로 했는데 그건 어떻게 하라는 건지 다시 알아봐야겠네."

"그러게 말입니다. 아! 그리고 교감 선생님은 지금 심사도 있고 출장 가셔야 한다고 교무실에서 부장님이 기다리고 계십니다."

"아! 맞지요. 벌써 시간이 이렇게 됐네요. 그럼 교장 선생님, 저는 먼저 일어나 봐야 할 것 같습니다."

"아! 그렇게 하십시오. 다녀오세요."

이 회의는 얼렁뚱땅 흐지부지 끝났다. 지금 생각하면 '짠' 하고 나타난 행정실 직원의 출현과 '퇴직 교원 모집 공고 철회' 발표는 나에게도 구원투수 역할이었지만 그들에게도 마찬가지였던 것 같다. 참패한 회의를 얼버무리며 끝낼 수 있었으니 말이다. 일하고 있는 근로자가 버젓이 있는데 '퇴직 교원', '사서교사', '도서관 활성화 사업' 등 종류별 인력 채용 방안을 연구했던 거다. 한 사람은 아직도 이렇게 사무치게 깊은 상처를 받았는데 그 자리에서 그들은 어떠한 사과도 하지 않고 자기네들이 행한 절차의 모순도 인정하지 않은 채 바쁘다는 시간을 탓하며 순간을 모면하기 바빴다.

속사포 행정실 직원은 '도서관 활성화 사업 신청한 건에 대해서는 사업만 지원하는 것이 아니라 사람도 보내준다고 합니다.' '사람도 보내준다고.'라며 두 번이나 강조했다. 그 사업만 따내오면 나는 당장 자를 수 있다는 식으로 관리자들 어깨에 힘을 실어주는 발언이었다. '사서'도 아니고 '사람' 오면 자기들도 어쩔 수 없으니 그만두라는 얘기인가 보다. '사서'라는 엄연한 호칭이 있는데 사람, 사람, 자꾸 말하는 것도 귀에 거슬리고 불쾌한데, 들으라는 듯이 또박또박 두 번이나 얘기할 필요가 무에 있을까? '망둥이가 뛰면 꼴뚜기도 뛴다'더니, 관리자가 업신여기니 행정 직원마저 깔보듯 했다.

교장 선생님은 우리가 할 수 있는 최대한 선생님에게 도움을 주려고 합니다만 이런 일이 생겨 유감이고 섭섭한 점도 있을 수 있지만 이해를 해주셔야 하는 부분도 있으며, 그래도 도서관을 잘 부탁한다는 마무리 인사로 대신했고, 행정실장님도 따라 일어서며 학교 현황이 어렵다고 교육청에서 재원을 지원하는 것이 아니다 보니 우리 학교 입장에선 비용 부담 때문에 채용하기 어려운 점을 알아주길 바란다며 마무리했다. 교장 선생님이 말한 '우리가 할 수 있는 최대한의 도움'이라는 것이 도통 이해되지 않지만 각자의 위치에서 각자의 입장만 한 번 더 새겨주었다.

자리로 돌아와 앉았지만 멍하니 일이 손에 잡히지 않았다. 이미 퇴근 시간이 넘기도 했다. 회의에 참석하느라 잠깐 자리를 비우는 사이 도서관을 맡아준 학부모 도우미와 함께 뒷정리하고 인사를 한 후 집으로 돌아왔다. 가슴 떨리고 긴장해서 당시에는 주변 상황과 오간 말들이 제대로 소화되지 못한 탓에 가만히 앉아 교무실에서 있었던 일의 기억을 되새겼다. 새롭게 안 사실은, 학교에선 11월에 이미 나의 계약종결을 염두에 두고 모든 일을 추진했다는 것이었다.

추측으로만, 짐작으로만 느끼던 내침의 징조들이 확인된 셈이었다. 실타래가 풀려나갔다. 나를 계약직 봉사자로 전환하고 퇴직 교원 사서 도우미를 신청하여 오전 오후 원하는 시간대로 풀가동하려고 한 것이었다. 학교를 위해, 도서관 운영을 위해. 그건 나도 좋다. 아이들이 도서관 이용 시간을 안정적으로 활용할 수 있고 학부모 자원봉사 지원요청을 더는 하지 않아도 되니 말이다. 그런데 그 방법이 틀렸다. 완전, 몹시 나쁘게, 무리하게 진행한 것이다.

도서관의 실제적인 필요나 요구도 모른 채 교무실 책상에 앉아서 서류만 파고들어 계산기만 두드린 결과였다. 일 처리를 저 정도밖에 못 하나? 싶다. 학교는 건물만 덩그러니 존재하는 것이 아니라 사람과 사람이 유동적으로 이어지고 활동하고 연대하고 소통하는 유기적 공간이다. 사람이 있는 곳에는 가장 중요한 것이 '관계'다. 남녀 노소 지위 고하를 막론하고 유전 무전 차별하지 않고 지연 학연 혈연 구별 짓지 않고 색깔이나 이념도 종교도 초월한 인간 대 인간으로 존엄한 존재다. 존중해야 한다.

우리 헌법 제10조에는 "모든 국민은 인간으로서의 존엄과 가치를 가지며 행복을 추구할 권리를 가진다."라고 규정하고 있다. 이 조항은 우리 헌법이 인간의 존엄성을 천명한 규정이며, 인간 고유의 가치를 헌법에 규정함으로써 이를 보호하고자 하는 것이다. 배운 사람들이 하는 행동이 너무 수준 이하라고 생각되었다. 초단시간 근로자는 계약 기간 임박해서 학교 사정이 이러니 나가라고 하면 '네, 알겠습니다.' 할 줄 알았나 보다. 도서관 5년 지기에게는 말 한마디도 없이.

집에 가서도 멍하기는 마찬가지였다. 생각 정리를 위해 글을 썼다. 내 오랜 습관이다. 머릿속이 복잡할 때 글을 쓰다 보면 어떤 결정을 하든지 다음 과정들이 한눈에 보이는 것 같다. 누구를 지정해 쓴 글은 아니었지만 요사이 며칠, 불행이 이런 거구나! 맛보게 해준 사람들에게 소리 없는 아우성을 질렀던 것 같다.

이런 글을 쓰게 될 줄 꿈에서도 생각지 못했습니다. 저는 이런 마무리를 원했습니다. 아니 원합니다. 학교 입장을 충분히 이해하고 당연히 협조하여 그동안 열심히 쓸고 닦고 가꿔온 A 초등학교 지혜관을 맡아줄 선생님에게 요목조목 상세히 안내해드리고 그간에 습득해온 도서관의 이모저모를 전해드려서 업무의 공백이나 차질이 없도록 하여 A 초등학교 학생들의 이용에 불편함이 없도록 하는 것입니다. 또한 비록 비위주는 입장일지라도 차후에 언제든지 기쁜 마음으로 도서관을 방문하여 도서도 대출할 수 있고 혹시라도 도서관에 도움이 필요한 문제가 발생하였을 때는 지원할 수 있는 아름다운 마무리를 꿈꿔왔습니다.

그러나 이 발상이야말로 꿈같은 소리였다는 것을 알았습니다. 소외당하고 무시당하고 투명인간 취급을 당하면서 차차 상처받은 마음이 찢어지고 갈라지고 터지기를 반복하더니 상처 난 자리가 단단하게 굳어 두꺼운 벽을 만들고 있습니다. 무슨 약을 쓰더라도 회복 불가능한 두껍고 깊은 상처가 난 것입니다.

이미 학기 초부터 진행되어온 상황이었으나 미련하고 순진하게도 도서관의 원활한 운영을 위해 혼자서만 북 치고 장구 치는 공연을 하느라 너무나 대응이 늦었고 모두가 이미 등을 돌리고 난 12월, 이제야 깨닫게 되었습니다. 아무도 내 편이 없는, 망망대해 바다에 표류한 뗏목을 타고 있는 기분이 이럴까 싶습니다.

오늘 도서관에서 책 한 권이 눈에 들어옵니다. 『내 마음이 지옥일 때』 요즘 제 심경을 대변해주는 제목이었습니다. 백세 시대 절반가량 살았다고 인생을 논하기엔 무리인 듯하나 살면서 요즘 같은 어둡고 침울한 상황을 맛보기는 처음입니다. '도대체 내가 뭘 잘못했다고 이러세요들. 네?' 하면서 따지고 싶습니다.

이 글은 누구한테도 어디에도 보낸 글이 아니다. 내 마음과 머릿속을 헤집던 생각을 글로 옮겨놓았을 뿐이다. 그때의 오해와 심경이 고스란히 담겨 있다. 콩깍지를 씌운 듯 세상 전체가 흐려 보이던 그때 상황이 어디서부터 잘못된 건지 감정이 배제된 지금의 관점에서 보면 혹시 잘못 알고 있었거나 너무 과잉대응을 한 일이 아니었을까 객관화시킬 수 있을 것 같다. 왜 나만 힘들고,

모두 나한테만 왜 그래 식의 피해의식, 자기 오류의 프레임에 스스로를 가두었던 건 아닐까? (2017년 12월)

행복의 열쇠를 가진 마음 부자

애써 태연한 척했지만 우울감은 오래갔다. 믿는 도끼에 발등 찍힌 기분이기도 하고 내내 '토사구팽'이란 단어가 머릿속을 헤집고 다녔다. 나름 열정을 다했기에 노고에 대한 치하는 고사하더라도 인정받지 못하고 내쳐지는 기분은 비참했다. 그렇게 느껴졌다. 일에 대한 의욕도 사그라들었다. 그래도 해야 할 건 해야만 했다.

겨울방학 전 학부모 독서토론 동아리 마지막 모임에 맞춰 문집 발간을 계획하고 준비했었다. 올해 활동 기록을 사진 자료와 함께 정리하고 보존하기 위해 회원들 간의 격려, 응원, 회고, 소감 글 등 형식에 구애됨 없이 다양한 글쓰기를 했었다. 회원들과 그 자녀들이 쓴 시나 감상 글을 한두 편씩 모아 담은 문집을 만들 때 올린 글이었다. 그 무렵 썼던 글은 내내 탓하는 글쓰기인데, 가장 힘들었던 시기임에도「행복의 열쇠를 가진 마음 부자」이 글에는 사랑이 듬뿍 담겨 있다. 버팀목이 되어주었던 모임이고 사람들이다. 사람에게 받은 상처도 결국 사람에 의해 치료되는 것임을 다시 보고 또 깨닫는다.

짧은 동화책도 좋고 시도 좋고 길고 두꺼운 책을 읽다가 그만두어도 좋다. 책을 읽다가 눈이 번쩍 뜨이거나 가슴에 쿵 하고 내려앉는 금맥 같은 한 문장을 발견하면 그 감흥은 이루 말할 수 없다. 어찌 찾은 보석인데 행여 잊을까 책갈피를 꽂고 줄을 치고 스티커를 붙이는 재미도 정말 쏠쏠하다. 안 해본 사람은 절대 모른다. 그렇게 알게 된 나만의 페이지를 펼쳐서 각자의 느낌을 나누고 서로의 생각들을 공유하며 이야기하다 보면 어디서부터 출발하든 모두 연결되어 있다. 각자의 삶을 충실하게 살아온 우리들 이야기를 하고 있기 때문이다. 어려운 책은 어려운 책 나름대로 경험해 본 느낌을 알게 되어 좋다.

좋은 책, 나쁜 책, 재미있는 책, 지루한 책 그 어떤 책이 소재가 되었든 '책'을 주제로 인생이야기를 펼쳐갔다. 아이들 성장 과정을 공유하며 서로가 거울 역할을 했던 시간이었다. 아픔도 기쁨도 함께하는 좋은 사람들, 욕지기해도 허물없이 이해하는 편한 사람들, 퍼주고 나눠줘도 본전 생각이 하나도 나지 않는 착한 사람들 모임이다. 하하 호호 울다가 웃으며 한 달 동안 쌓인 스트레스를 모두 날려 보낸다. '임 향한 일편단심이야 가실 줄이 있으랴.' 책과 함께 꾸준히 이어온 우리 '리드' 회원들에 대한 내 마음이다. (2017년 12월)

가족 때문에 살고 가족 덕분에 산다

지난 11월 27일 부산광역시 정보영재교육원 수료식이 있었다. 부산광역시교육연구정보원 2층 강당 입구에 마련된 행사 식순 팸플릿을 챙기고 자리에 앉았다. 매번 영재원 가족들은 사전 예행연습 시간 때문에 행사 시간보다 30분 일찍 도착하도록 안내한다. 학생들은 강당 앞쪽에 반별로 지정된 좌석에 모여 앉았다. 자리를 잡고 예정된 시간이 아직 많이 남아 있어서 팸플릿 식순을 미리 살폈다. 수상자 명단도 훑어봤다. 세상에! 중3 과정 교육감상 첫 번째 수상자로 딸아이 이름이 떡하니 올라 있었다. 가슴이 벅차올랐다.

전혀 예상치도 못했고 정보원 연구사님의 연락도 따로 없었기에 보고도 믿기지 않았다. 아직 딸도 모르고 있어서 얼른 사진을 찍어서 친구들과 앉아 있는 딸에게 문자를 보냈다. '수고했다, 장하다, 고맙다'라고. 초등학교 5학년부터 시작해서 매주 토요일마다 자신의 꿈과 적성을 찾아 노력한 결과였다. 지난 5년간의 수고를 인정받고 보상받는 기분이었다. 더없이 기뻤다. 시쳇말로 '죽어도 여한이 없겠다'라는 말이 떠올랐다. 부모가 자식이 잘되는 것만큼 기쁘고 좋은 일이 없다는 걸 새삼 느꼈다.

가구업체 다니는 남편도 무기 계약직이 아니다. 고용이 안정적이지 못하다 보니 아프면 가장 예민해진다. 오너의 눈치를 안 볼 수가 없는 게다. 원래부터도 워낙 연령대가 낮은 직원들 사이에서 혼자 나이가 많았는데 일하다가 팔을 다쳐서 제대로 일을 못 하게 되자 스트레스를 받고 부쩍 힘들어했다. '없는 사람들은 몸이 재산이다.' 건강을 잃으면 아무것도 할 수가 없다. 일해야 돈이 생기고 돈이 있어야 살아갈 수가 있다. 가족의 생계를 책임지는 가장으로서의 삶의 무게가 녹록하지 않았음에도 모진 일, 궂은일 가리지 않고 가족만을 위해 달려온 책임감이 투철한 아빠였다.

'일하지 못하게 될까 봐', '이제 쓸모가 없어질까 봐' 미래를 염려하는 마음이 더욱 병을 악화시키는 악순환의 시간이었다. 그렇지만 그대로 주저앉을 순 없었다. 우리가 처한 상황에서 할 수 있는 모든 노력을 다했다. 건강을 지키기 위해서는 주말마다 등산하러 다니고 마음을 다스리기 위해 산사를 찾는다. 다른 욕심 부리지 않고 항상 가족 건강하기만을 소원하며 하루하루를 감사하게 생각하며 살았다.

아들은 현역보다 좀 더 편하리라 생각하고 지원했던 의경합격에 이어 집과 가까운 자대배치에 기뻐했던 시간은 찰나였을 뿐 역대 의경 중에서 가장 힘든 시기를 겪었지 싶다. 국정농단 정부의 혼란기에 의무경찰 임무를 다하기 위해 차벽 앞에서 아무 감정 없는 일반 시민들과 대치하는 상황을 연출해야 했다. 주말마다 서울·부산을 왕복하며 좁디좁은 경찰버스에 몸을 구겨 넣고 실려 다닌 생활을 6개월간 지속하였고 당시 민정수석 아들 병역 특혜 때문에 불똥 튄 의경 군기 강화로 아무 죄 없는 일반 의경들 외출 외박만 더 엄격해졌던 날들이었다.

한참 후 정말 오랜만에 귀한 휴가를 나왔다. 휴가 나오기 전 연중행사의 하나인 검열(아주 오랜 기간 대규모 단체훈련)을 끝내고 피로가 쌓인 상태에서 탄핵 결정 마지막 대규모 집회 때 비까지 맞아 감기가 잔뜩 걸려 만신창이가 되어 왔다. 그런데도 TV 화면으로 다른 동료들이 탄핵 반대 태극기 단체의 과격 저항 시위로 고생하는 것을 지켜보면서 함께하지 못하는 것을 미안해하는 모습을 보니 어른으로서 그저 미안하고 또 미안했다.

늘 새로움을 찾아다니는 아들의 도전기는 의경 복무 중에도 끝이 없었다. 곧 제대하는데 좀 쉬고 싶다고 복학도 한 학기 미루겠다더니 평창동계올림픽 자원봉사자와 부산국제영화제 자원활동가로 선발되어 참여했다. 그런 중에 개인적인 아르바이트도 쉬지 않았다. 집안형편을 너무 잘 아는 아들은 제대 후 잠시도 쉬지 않고 갖은 아르바이트를 다녔다. 복학할 준비를 스스로 했다. 그런데 여러 아르바이트를 무리하게 다니다가 당시 앓던 편두통 증상이 악화되어 응급실 신세를 지고 결국 아르바이트도 그만두었다.

다음 해 아들은 복학생, 딸은 고등학생 둘 다 신입생이 된다.

작년보다 더 나아지는 것이 없는 형편에 아들의 알바비만큼도 안 되는 급여를 받아도 늘 '놀기 삼아 다녀', '학교를 위해 봉사한 다 생각하고 즐거운 마음으로 다녀' 응원하고 지지해주는 남편 에게 조그만 보탬이 되고 싶었다. 혼자서 짊어진 가족 부양의 무 게와 어깨의 짐을 같이 들어주고도 싶었다. 어떻게든 도움이 되 고 싶었던 마음과는 달리 무기 계약의 희망은 물 건너가고 지금 처한 상황들은 참담했다. 그렇지만 난관을 극복하고 이겨내게 해주는 건 역시 가족이었다.

　비록 물질적인 풍요는 누릴 수 없었지만 가족에게 닥친 고난 과 역경이 서로를 아끼고 사랑하는 마음을 더욱 단단하게 했다. 갖추어주고 지원해주지 못해 바라보면 늘 미안한 마음인 아이 들과 다 해주고도 많이 해주지 못해 미안해하는 고마운 남편이 가장 큰 재산이었다. 버팀목이고 삶의 원천이었다. 힘들고 지칠 때 서로에게 응원과 용기를 불어넣어 주는 가족, 가족 때문에 살고 가족 덕분에 산다. '열심히 살다 보니 이런 날이 있구나!' 느끼는 그 순간을 맞이하기 위해 내일도 쉼 없이 달려야 한다.
(2017년 12월)

3부

상시직이지만 시급제,
그래도 제 일을 사랑합니다

페
이
크
와

거
짓
말

딸아이 생일이라 아침 일찍 생일상을 차려 주고 학교에 왔다. 아침 9시부터 12시까지 매일 3시간씩 1월 8일부터 12일까지 5일간 도서관 장서 점검을 위해 폐관을 했다. 이틀 정도면 끝날 걸 역시 초과근무는 안 되고 하루 3시간씩 진행해야 한다. 내 짧은 근무시간이 장기간 폐관 이유다. 독서토론 동아리 회원 세 명이 지원을 왔다. 열심히 일하고 있는데 폰으로 전화가 왔다. 오전 11시 15분. 발신인을 보니 D 전 교감 선생님이다. 의외였다.

"석 선생님, 어떻게 지냅니까?"

"안녕하세요? 교감 선생님. 잘 지내셨습니까?"

"요즘 일이 많았죠? 지금 통화 가능합니까?"

"네, 그렇지 않아도 요즘 학교 일로 마음고생을 많이 하다 보니 C 교장 선생님과 D 교감 선생님 생각이 많이 났습니다."

"그렇죠. 석 선생님 학교가 멀어도 괜찮으면 우리 학교로 올래요?"

"네? 네. 거리가 무슨 상관입니까? 아무튼 말씀만이라도 정말 감사합니다."

"그래요? 정말 올 생각 있으면 내가 알아봐 주려고."

"마음이 지옥 같은 요즘이었는데 교감 선생님 정말 감사합니다. 저 가고 싶습니다. 알아봐 주시면 좋겠습니다."

"알았어요. 그럼 알아보고 다시 연락 줄게요."

그간 쌓인 감정들이 따뜻한 말 한마디에 폭발했는지 전화를 끊고도 흐르는 눈물이 멈추질 않았다. 함께 일하던 회원들이 통화내용을 듣고 울먹이는 나를 다독여주었다. 대충 설명을 해주었다. 다들 학교도서관 학부모 운영위원들이라 학교도서관 운영규정 개정 사건 이후로 분위기를 잘 알고 있던 터였다. 몇 분 지나지 않아 다시 전화가 울렸다. D 교감 선생님이다.

"네, 교감 선생님."

"내가 알아봤는데 사서 모집 예정이 없다고 하네. 그래서 안 되겠네."

"네? 그런가요? 아! 네…."

전화는 이미 끊겼다. 뭔가 싸한 기분이 감돈다. 전근 가기 전 모르쇠로 얼굴빛이 바뀌던 교감 선생님 마지막 모습이 떠올랐다. 몇 분 전까지 고마움에 흘린 눈물이 그저 아까울 뿐이었다. 옆에 있던 학부모들 뵐 낯이 없었다. 정말 민망했다. 장난감처럼 가지고 놀다가 던져진 느낌이었다. 왜 사람을 가지고 놀까? 하는 생각밖에 안 들었다. 원망하는 마음으로 따져 묻고 싶은 생각도 불쑥불쑥 들었으나 아름다운 마무리를 한 분에게 폐가 될까 봐

끝까지 참고 있었건만 내가 알아봐 달라고 한 것도 아니고 왜 이렇게 간절히 원하는 마음을 가지고 노냐는 말이다.

그 이후로는 전화 한 통 없다. 당연한 거겠지만. 그 전화는 페이크에 지나지 않았던 것 같다. 우리 학교에 아직 D 교감 선생님과 친분이 두터운 선생님들이 더러 있다. 재계약 문제로 학교 관리자들을 힘들게 한 소문이 난 모양이었다. 그 원인이 나라는 얘기를 들었을 테고 자격증을 가져오면 무기 계약을 약속했다는 소리를 하는데 그 주인공이 바로 D 교감 선생님이라는 얘기를 전해 들었나 보다. 이제는 인연이었음을 지우고 싶은 사람이다. 호연이 아니었고 악연이었으니 기억에서 지우고 싶어 잊고 있었다.

그런데 한참 뒤, D 교감 선생님이 또 등장했다. 4월이었다. 출장과 초과근무에 대한 요구사항 올린 글, 인쇄본을 가지고 F 교감 선생님이 도서관에 왔다. 파란 볼펜으로 중요 부분에 밑줄까지 친 걸 보니 좀 자세히 읽어보셨나 했다. 내가 요구하는 것들 이것, 저것, 그것을 보여주면서 재차 확인한다.

"그래, 석 선생님, 이렇게 해결하면 되겠습니까?"

"네, 교감 선생님."

"그럼 그렇게 알고 가겠습니다. 아! 그리고 석 선생님, 내가 며칠 전 교감단 회의에 참석해서 D 교감 선생님을 만나 물어봤어요. 그런데 교감 선생님 하는 말씀이 석 선생님한테 약속한 거 없다고 하던데?"

의심 가득한 눈빛을 보내 온다. 정말 기가 막힌다.

"그럼, 제가 거짓말을 했다는 건가요?"

부당한 일을 여러 차례 겪고 나니 왜 이런 일이 생기게 되었나? 되짚어보게 되었다. 먼저 나로 말미암아 발생한 일이기에 과한 충성과 헌신으로 스스로를 병들게 한 어리석음에 한탄하며 자책을 했다. 무능한 내 탓을 오랫동안 했다. 만병의 근원은 스트레스가 맞다. 여기저기 아프지 않은 곳이 없었다. 편두통, 이명, 위염, 시력 저하까지 생겨 병원 투어를 하고 다녔다. 그렇게 한참을 아픈 몸과 마음을 겨우 추스르고 정신을 차려보니 학교의 문제와 사회 구조적 모순이 보이기 시작했다. 민주주의의 교육과 사회는 이래야 했다.

인간의 존엄성을 근간으로 하는 민주주의는 자유와 평등이 보장되어야 한다. 자유는 국가나 다른 사람으로부터 부당한 압박이나 구속을 당하지 않고 자신이 원하는 대로 할 수 있는 상태를 말하고, 평등은 모든 사람이 성별, 인종, 재산, 신분 등에 따라 부당하게 차별받지 않고 동등하게 대우받는 것이다. 또한 교육은 인간형성의 과정이며 사회개조의 수단이다. 바람직한 인간을 형성하여 개인생활·가정생활·사회생활에서 보다 행복하고 가치 있는 생활을 영위하게 하며 나아가 사회발전을 도모하는 작용인 것이다.

최근 뉴스를 보면 법무부 장관을 둘러싼 여러 논쟁이 식을 줄 모르고 점점 더 가열되는 양상이다. 장관 가족들의 문제이긴 하나 입시와 관련된 의혹만으로도 그 파장과 충격은 적지 않다. 이전 대통령 실세들도 그랬고, 기업가들도 그랬고 대학교수든 고등학교 교무부장이든 여야 막론하고 정치가나 경영자, 교육자 등 물불 가리지 않고 부의 대물림을 위해 혈안이다. 위법, 탈법을 서슴지 않는다. 계층에 집착하는 기득권자들의 자리보전 다툼이 치열한 것이다. 불법, 편법이 난무하는 부의 세습으로 인한 권력자들의 기득권 유지는 온갖 불평등을 고착시키기에 충분했다.

쥐꼬리 같은 월급이라도 아이들 교육비 지출은 아끼지 않는 서민들의 희망사다리였던 교육 기회마저 박탈하고, 대한민국 남자면 평등하게 다 가는 줄 알았던 병역의무마저 신체검사 서류 조작의 각종 비리로 결국 빽도 없고 돈도 없는 계층만 나라를 지켜야 하는 꼴이 되었다. 권력자들끼리는 자유와 평등에 반하는 어떠한 잘못을 해도 인정되는 사회, 특권층의 치외법권이 존재하는 희한한 사회, 그 병폐 사회의 모순된 법을 사수하려고 기득권들은 목이 터져라 외친다. 국민을 대표한다는 국회의원들이 더하다. 민생은 안중에도 없고 달콤한 권력 맛을 본 이성을 상실한 집단 같다. 권력자들만이 해석하고 활용할 수 있는 온갖 규제와 법제들은 무지하고 없는 사람에게만 엄격하다.

최상위층과 연결되는 사다리는 이미 없었던 거다. 보이지 않는 사다리, 그 아래에서만 치열하다. 아무나 넘볼 수 없고 한번 맛보면 끊을 수 없는 달콤한 열매, 기득권 유지를 위해 권력자들은 위선과 기만을 일삼는 민낯을 여과 없이 보여주었다. 그 과정을 보고 배운 금수저 자녀들이 학습한 것을 그대로 실천하는 것은 당연하다.

혹자는 인맥과 연줄을 통해 교육, 인턴, 고소득 일자리 등 사회적 지위를 물려주는 것을 '기회 사재기'라고도 했다. 이는 자녀 세대가 한번 내려가면 다시 올라올 수 없는 하위 계층으로 떨어지는 위험을 막아주는 유리 바닥 역할을 해온 것이다. 안전장치인 셈이다. 계층 하부에선 이런 사실을 전혀 알지 못한다. 하늘과 닿아 있는 최상위층이 훤히 보이니까 유리천장이 가로 놓인 줄 모르고 안전장치도 없고 사다리도 없는 무모한 암벽 등반을 한다. 기를 쓰고 올라도 마지막 순간에는 유리천장에 머리만 깨질 뿐이다.

21세기 최고의 석학이자 비평가 노암 촘스키는 저서『실패한 교육과 거짓말』(노암 촘스키, 아침이슬, 2001) 1장에서 도날도 마세도와 대담을 하며 일찌감치 학교 교육의 문제점을 역설한 바 있다. 순종을 강요하고 독립적인 사고를 막는 통제와 억압 시스템으로 제도화된 학교에서 교육을 받은 학생은 권력 구조를 지탱하도록 사회화된다는 것. 또한 권력층에 노동을 제공하고 그 대가를 받는 교사는 지배계급의 의도대로 학생들을 가르치는 것이 당연하다고 했다. 민주주의의 가치를 가르쳐야 하는 학교가 직면한 모순을 신랄하게 지적했다.

깨어 있는 교육을 주장한 촘스키는 '훌륭한 교사'의 덕목을 이렇게 말했다. 학생들을 공통의 관심사를 가진 공동체의 일원으로서 더불어 말할 수 있도록 해야 하며, 학생들이 스스로 진실을 찾을 수 있도록 일깨워주는 것, 거짓과 진실을 판별할 능력을 키워주는 것, 왜곡된 정보를 바로잡고 진실을 가르칠 수 있는 교사가 훌륭한 교사이며 진실을 깨달은 사람들이 연대하고, 방관자가 아닌 행동하는 참여자로 나서라고 한다.

민주적인 삶을 열망하는 사람은 세상을 비판적인 안목으로 보고 현 사회의 지배계급이 민주주의라고 주장하는 것 이면의 위선적이고 비인간적인 관행을 직시하면 이면에 감추어진 진실이 무엇인지 알아낼 수 있다는 것이다. 역사의 방관자가 아닌 역사의 참여자가 되어 그 대열에 학생들을 동참하게 하라고 교사들에게 말한다. 작가나 지식인을 자처하는 사람들의 덕목이라고도 했다.

지금 우리 '교육과 사회'의 모습과 다르지 않다. 다만 지금은 개인이든 단체든 목소리 내는 걸 막지는 않는다. 수단과 방법도 다양하다. 오히려 그래서 가짜 정보가 판치는 또 다른 문제를 안게 되었지만 자신의 주장과 관점을 자유롭게 말할 수 있다. 그러나 목소리를 높여도 달라지지 않는 교육 현장과 계층사회 높은 벽은 여전히 완고하다.

Chomsky on Mis-Education(Noam Chomsky) 발행일이 2000년 8월 1일이다. 무려 20년 전 미국 교육 현장 문제를 비판했던 촘스키의 주장이 오늘날 우리 교육 현장의 문제점에도 적용 가능한 것이다. 그동안 우리는 민주주의를 외치며 무엇을 하고 있었나? 지식인들은 왜 침묵하고 있었나? 지난 20년을 통치해온 우리 지도자의 모습을 떠올리니 이해되지 않는 바도 아니다. 오히려 시대를 역행했던 치욕적인 통치사도 끼어 있으니 말이다.

의문점을 풀어주는 답을 가까이에서 찾았다. 『앞으로 10년, 대한민국 골든타임-가만히 있으면 망한다』(김경집, 들녘, 2017)를 살펴보면 저자는 '이게 나라냐?' 치욕사를 겪은 국민들에게 새로운 세상을 위한 비전을 제시하고 있다. '끊임없이 고민하고 투쟁하며 연대하라'고 주문했다. '지성이란 아는 것이 아니라 행동하려는 도덕적 의지'라는 독일의 철학자 피히테의 말을 인용하여 지금 처지가 암울하고 절망적이더라도 묵인하거나 체념해서는 안 되며 권리와 의무를 위해 싸워야 한다고 했다.

촘스키가 말했던 '훌륭한 교사' 상에 걸맞다. 김경집 선생의 주장도 촘스키 주장과 다르지 않았다. 학교 교육에 대한 부분을 좀 더 살펴보면 6장 '미래는 올바른 교육에서 온다'에서 18세 투표권 허용에 관해 주장하며 학교에서 이름표, 학교명, 교복 착용 등 전반적인 '학교 풍경'에 대한 문제를 지적했다. 그리고 주목할 만한 부제 '학교에서 노동 관련 교육을 해야 한다', '우리는 노동자다' 부분에선 눈이 번쩍 뜨였다.

지위 고하를 막론하고 '일'='노동'을 하는 노동자인 우리가 학교 교육을 마치면 직업 전선으로 뛰어드는데 정작 우리의 신성한 노동의 가치를 판단하고 평가할 노동법이나 철학에 대한 교육은 전무하다는 사실을 알려주었다. '올바른 노동의 권리가 마련되지 않는 한 정상적인 사회는 불가능하며 주체적으로 그리고 연대해서 사는 삶이 사회적 삶이다'라고 역설했다.

노동자의 기본 권리에 대해 아무런 교육도 없이 노동 현장에 투입되어야 한다는 건 비인격적이고 반인권적인 결과를 구조적으로 만들어내는 고약한 일이다. 우리 모두가 거의 노동자이면서 최저시급이 얼마인지에 대해 관심을 갖지 않는 것도 '내 일이 아니면 된다.'는 식의 이기적 개인주의에 함몰하게 만드는 사회적 악습이다. 내가 시급을 받지 않더라도 그건 기본적으로 알고 있어야 한다. 그건 '동료 시민들'에 대한 최소한의 공감이다. 그래야 이익에 대한 공정한 분배가 가능해지고 사회적 건전성도 확립할 수 있다. 올바른 노동교육을 받은 사람들이 최고경영자나 관리자가 되었을 때 제대로 된 노사문화가 이루어진다는 점에서도 노동교육은 필수적이다. (…)

이렇게 우리 모두가 노동자의 삶을 살 게 되는데 학교에서 노동의 권리에 대해서 가르치지 않는다는 것은 중대한 의무의 유기일 뿐이다. 심지어 자신이 '정규직'이 되면 노동자가 아니라고 착각하는 경우도 있다. 그렇지 않고서야 자신들의 '노동조합'에 '비정규직'은 가입할 수 없게 하고 그들이 자신들보다 강도 높고 위험한 일을 하는데도 임금은 1/3만 받아도 남의 일일 뿐인 것을 어떻게 설명할 수 있겠는가. '노동조합'은 약자의 권익을 위한 것인데 자신들보다 약한 비정규직에게는 노동조합의 가입조차 불허하는 노동조합이 무슨 권리와 책임 그리고 정당성을 확보할 수 있겠는가. '없는 것들끼리' 싸우게 하는 고도의 술수에 놀아나는 일이다.

『앞으로 10년, 대한민국 골든타임-가만히 있으면 망한다』, 184~189쪽

오랜 기간 동안 국가는 노동자의 조합을 결사반대하고 '노조'='사회악'이라는 프레임을 만들어왔다. 노동자, 근로자의 힘으로

돌아가는 사회와 국가가 말 잘 듣고 순종하는 숙련공만을 키워
내길 학교에 주문하였고 그 오더를 받은 학교관리자들은 자신들
의 상부 기관의 명을 충실히 따르기 위해 또 교사를 종용했던 현
장이 학교였던 것이다. 그런 상황에서 교사들은 학생들에게 무
엇을 가르쳤을까? 깨어 있어야 한다고? 자신의 목소리를 높여야
한다고? 자신의 색깔을 드러내야 한다고? 이제야 알다니. 이제야
깨닫다니. (2018년 1월)

주 열네 시간 근로시간을 지켜주세요

G 행정실장님께

2018학년도에도 근로를 지속하겠습니다.

이에 앞서 제 입장을 몇 가지 전달하려고 합니다.

첫째, 근무부서 및 담당업무의 근무 형태(직종): 도서관 사서 도우미가 아닌 사서 또는 사서 실무직원 명칭으로 변경해주십시오. 사서 실무를 도맡아왔고 지금은 그에 따르는 자격요건도 갖추었기에 학부모 사서 도우미, 퇴직 교원 자원봉사자의 활동내용과도 구분이 없는 사서 도우미 명칭은 효율적인 업무수행에도 지장이 있다고 생각합니다.

둘째, 근로계약서에 명시된 근로시간(주 14시간)을 지켜주십시오. 「부산시교육청의 기간제 근로자 정규직(무기계약) 전환 방안」 초단시간 근로자 고용안정 유지에 대한 세부사항 주 15시간 미만 엄격히 유지(반복적 초과근무 금지) 항목을 지켜주셨으면 합니다. 특히 금요일 근로시간 2시간을 지켜주세요. 그 외에는 초단시간 근로자에 대한 보호가 전무한 현 방안에 최소의 요청이라고 생각합니다.

셋째, 계약서상 '휴일 및 연차휴가: 인사관리 규정에 따름'이라고 간략하게 표기된 내용을 인사관리 규정에 따라 자세히 표기해주셨으면 합니다. 인사관리 규정의 내용과 초단시간 근로자로 어제 말해준 고정된 시급이 계약서상 보수지급 형태인 월급제에 어떻게 적용되는지도 알려주었으면 합니다.

넷째, 향후 발생할 수 있는 초과근로에 대한 내용도 규정해주십시오. 짧은 근로시간에 다 하지 못하는 과중한 업무를 해결하고자 학교에서 야근하거나 퇴근 후 집에서도 학교 일을 해야 할 때가 다반사였습니다만 휴일에 나와서 업무를 해도 하물며 학부모 사서 도우미 시간을 보충했을 때도 초과근무 수당을 챙겨본 적이 없었습니다.

다섯째, 근로계약서상의 과다한 업무 내용 이외의 추가적인 업무지시는 지양해주십시오. 대표적으로 A 지혜관 소식지 발행입니다. 소식지 작업은 기본적인 업무를 하기에도 벅찬 정한 시간에는 불가합니다. 늘 집에서 추가로 해왔던 업무이기도 하고 발행 기일에 맞추려다 보니 월말마다 스트레스를 받는 업무이기도 하였습니다.

여섯째, 학교도서관 운영에 관한 업무에 의결권을 부여해주고 도서관 운영에 필요한 직무연수에 참석할 수 있도록 해주십시오. 최근에 도서 유지, 보수에 대한 사서 교육이 있었다는 것을 뒤늦게 알게 되었는데 꼭 필요한 교육 참가공문이 와도 전달받지 못하고 있습니다.

마지막으로 학교도서관 활성화를 위한 많은 노력을 공식적으로 인정받았음에도 불구하고 도서관 인력 채용에 대한 공지와 공모에 대한 언질이 없었던 점과 학교도서관 운영에 관한 도서관 실무자 의견도 반영하지 않고 결정된 2017년 3월 20일 작성된 학교도서관 운영 규정을 수용할 수 없습니다. 그 내용에 대해 수정 검토해주고 도서선정위원회의 도서 검토에 참여하는 위원 또는 간사 자격을 부여해주었으면 합니다.

위 내용에는 직접적으로 행정실장님에게 해당하지 않는 사항이 있을 수도 있습니다. 다만 E 교장 선생님은 F 교감 선생님에게 위임하고 F 교감 선생님은 G 행정실장님에게 제 근로계약에 관한 논의를 위임하였기에 그 전반적인 내용을 G 실장님이 먼저 인식하고 계약에 관한 제 입장을 다시 정리해주었으면 합니다.

살펴보면 알겠지만 결코 제 개인적인 복리나 사욕으로 요구하는 내용은 없습니다. 그동안의 불합리한 근로계약에 대한 제 입장을 명확히 하여 추후 당연하게 할 근로와 책임을 다함에 있어서 보람과 만족을 보상받기 위해 기울이는 최소한의 입장 표명임을 충분히 이해해주리라 생각합니다.

그리고 오늘 출근하여 똑같은 내용으로 E 교장 선생님과 F 교감 선생님에게도 알리겠습니다. 2018학년도에도 지금까지 해왔던 것처럼 제가 맡은 업무에 최선을 다하겠습니다. 감사합니다.

2018년 2월 9일 도서관 사서 석정연

G 행정실장님은 교육청 행정관리과의 또 한 번의 권고를 받고 더 이상 봉사로 전환하라는 말을 하지 않았다. 봉사자 임금인 시간당 오천 원은 아니었지만 시간당 팔천오백 원, 시급제로 바꾸어버렸다. 그 시급으로 계산해보니 작년 월급 기준으로 계산했을 때 십만 원 이상 차이가 났다. 이건 좀 아니다 싶어 다시 행정관리과에 연락했다. 이런 계약서를 받았는데 좀 잘못된 것 같다고. 내용을 들어보시더니 다시 행정실로 전화를 해주겠다고 했다. 행정실에서 다시 연락이 왔다. 계약서 새로 쓰자고. 그러면서 덧붙였다. 교육청 행정관리과에 자꾸 전화하지 말고 직접 얘기하라고. 내가 얘기했다. 제가 말해도 들어주지 않았잖아요.

　　그렇게 다시 시간당 만 원의 시급제가 되었다. 시급제가 아닌 작년과 똑같이 '월급제로 계속해주세요.'라고 더 요구하진 못했다. 어렵게 싸우고 지켜서 작년과 비슷하게 혹은 조금 적게 책정되었다. 근무 기간 때문인지 월급제는 매년 조금씩 오르는데 이젠 계속 만 원인 거다. 월급을 받을 때는 쉬는 날을 손꼽아 기다렸는데 시급을 받으니 달력에 빨간 날이 많거나 학교의 재량휴업일이 많아지면 안 좋다는 게 달라졌다. 계약연장이 되었으나 변한 건 아무것도 없다. 무엇을 위해 그토록 치열했나 싶다. 이겼는지 졌는지 가늠할 수가 없다. 아무래도 머리가 나쁜 모양이다.

(2018년 2월)

독서토론 동아리 회원에게 사죄합니다

독서토론 동아리 회원 발대식이 있던 날 행사를 마치고 동아리 회장님이 밴드를 만들어 회원들을 초대했다. 나도 도서관 담당 선생님도 초대되었다. 토론 모임의 동아리 운영계획, 도서관 지원 활동과 연간 일정을 공지하는 창구 역할을 한다. 사진을 첨부하여 올리기 때문에 도서관 소식지 만들 때도 활용되고 토론 모임 회원들도 한 해 동안 활동 내용을 수시로 확인할 수 있다. 오늘 학교에서 처음 만난 회원도 있어서 일과 정리도 하고 토론 도서 공지도 할 겸 인사차 밴드에 올린 글이다.

독서토론 동아리 발대식 잘 마쳤습니다.

개인 사정으로 불참한 한 명을 제외하고 모두 일찍 오셔서 자리를 함께해주셨습니다. 2017년 활동 동영상 관람을 시작으로 아무리 강조해도 지나치지 않을 독서의 중요성과 함께 동아리 활동에 대한 학교의 적극적인 지원을 약속하며 교장, 교감 선생님

인사와 격려 말씀이 있었고 위촉장도 수여하였습니다.

2017 독서토론 동아리 회장님의 인사와 응원이 있었고 2018 독서토론 동아리 회장님은 만장일치로 선출되어 계속 수고해주기로 하였습니다. 더불어 학교도서관 운영위원회 학부모위원도 겸임하여 회장님의 당선 소감과 인사 말씀을 끝으로 회원님 소개와 대략적인 연간활동 안내가 있었습니다. 정기 모임에는 매주 둘째 화요일 '책 읽어주는 엄마, 철학 하는 아이', 매월 넷째 수요일 '독서 토론'이 있습니다.

도서관 담당 선생님이 발대식 준비를 잘해준 덕분에 식순에 따라 원활하게 진행되었습니다. 바쁘신 중에도 들러준 선생님 감사합니다. 자리를 함께해준 회원님도 정말 감사드립니다. 회원님들 만나 뵙게 되어 정말 반가웠습니다. 앞으로 적극적인 참여와 활동, 잘 부탁드립니다.

매년 초 반복되는 독서토론 동아리 행사들이다. 2018년 사서 도우미 회원 발대식은 없었다. 퇴직 교원 사서 도우미 선생님이 있기 때문에 학부모 신청을 받지 않았다. 그나마 학부모가 편해진 건 정말 다행이었다. 나처럼 시간당 수당을 받는 것도 아닌데 하루 세 시간 반씩 꼬박, 순수하게 봉사를 다녔다. 우리 학교는 특히 학부모 도움을 많이 받는다.

학습준비물 교실 운영으로 교사와 학생들은 아주 편리해졌지만 그 교실 운영을 위한 인력을 새로 모집할 수는 없으니 학부모의 자발적인 참여로 아침부터 수업 종료까지 학교 운영시간 내

내 지원을 온다. 그리고 학교 오케스트라 지원단 학부모들도 있다. 오케스트라 내, 외부 공연이 있을 때마다 악기를 나르고 단복도 정리하고 무대 설치도 돕는다. 그리고 오롯이 혼자서 업무를 봐야 하는 오전 도서관 지원에, 교통봉사, 안전지킴이, 급식실 검수 활동 등 너무 많은 학교 일에 봉사를 요청받는다.

학생이 임원인 간부급 학부모가 주축이 되어 반강제적이거나 자발적이라 하더라도 아이를 위한 희생정신이 있어야 가능하다. 그마저도 학교에 올 수 있는 전업주부면 좀 나은 편이다. 가뜩이나 어려운 살림살이에 거의 다가 맞벌이 가정인데 일을 하면서 학교 일에 봉사를 다니기는 쉽지 않다. 그럼에도 불구하고 우리 학부모들은 적극적으로 참여를 한다. 무엇 때문이겠는가? 우리 소중한 아이들이 다니는 학교이기 때문이다.

그 순수하고 고귀한 학부모 마음들을 이용한 학교의 각종 봉사자 지원 형태는 개선이 필요하다고 본다. 학교 인력을 줄여 예산을 아끼는 것도 좋지만 학부모 노동력을 아무 대가 없이 마구잡이식으로 활용하는 것은 문제가 많다. 가뜩이나 사회 전반적으로 열정 페이 운운하는 봉사들이 난립하고 있는데 착하고 순수한 마음을 이용하는 이런 무분별한 봉사는 지양되어야 할 것 같다.

개인적인 마음이 아닌 학교 입장에서 학부모에게 협조를 구하고 지원을 독려하고 도움을 호소하는 일을 내내 해왔다. 정말 미안하다. 학교에서 내 빈 자리를 그리고 빈 시간을 알아서 관리해 줘야 하는 게 아닌가? 왜 내가 안달복달 학부모를 동원하고, 일을 시켜 '죄송하다' 사과하고, '수고했다', '고맙다' 인사하고 했는지 모르겠다. 학교관리자들이 신경 써야 할 일인데 6년 동안 밴드 만들어서 학부모들과 협력하여 해왔다.

나도 학부모의 순수한 마음을 이용한 학교나 다른 게 뭐란 말인가. 정말 나쁜 사람이다, 나는. 아니 학교 권력을 등에 업고 착하고 힘없는 학부모들을 강제 동원한 앞잡이와 진배없다. 비겁했다. 살아남기 위해 혼자 싸웠지만 그 뒤로 희생양처럼 말없이 묵묵히 지원해준 학부모들의 협력이 없었다면 그간 많은 일은 분명, 하지 못했다. 노고에 고개 숙여 진심으로 감사드린다. 또 정말 진심으로 고개 숙여 사죄한다. (2018년 3월)

취미
생활이
아닙니다

악몽 같았던 지난해 12월 말부터 학교관리자들과 나는 물과
기름 같았다. 학교에 다녀도 함께 섞이지 못하고 혼자 둥둥 떠다
니는 느낌이었다. 남편은 속앓이 하는 나를 보고, 고생한 것도 몰
라주는 학교인데 더 마음 다치거나 몸 상하지 말고 정리를 하라
고 했다. 나도 다 내려놓고 잊고 싶었다. 그런데 너무 억울해서
도저히 이대로 그만둘 수가 없었다.

부당한 걸 부당하다 말 못 하고 가만히 자리 내어주고 나면 그
들이 웃을 일만 남을 것 같았다. 잘못도 없는 사람은 물러나고
잘못한 사람이 승기를 잡게 내버려둘 수가 없었다. 부당하므로
부당하다고 끝까지 해보고 싶었다. 그들이 대놓고 내 목을 칠 때
치더라도 끝까지 버텨보고 싶은 오기가 생겼다. 지렁이도 밟으면
꿈틀한다는 걸 보여주고 싶었다. 분노가 그렇게 만들었다.

계약이 임박한 2월 중순 나는 재계약이 될 줄 미리 알고 있었
지만 이렇게 재계약이 될 걸, 마음고생 시킨 관리자들에게 그들

이 원하는 계약 내용도 중요하지만 계약 당사자인 근로자가 원하는 계약도 할 수 있다는 걸 보여주기 위해 먼저 선방을 날렸다. 근로시간과 근로조건 등 계약서에 명시된 대로 일하게 해달라고 계약서에 없는 근로는 더는 하지 않겠다고. 수모를 당했던 그 관리자들에게 똑같은 내용을 메신저로 동시에 보냈다.

안 봐도 상상이 되지만 아연실색했을 것 같다. 잘릴 각오를 하고, 하고 싶은 요구를 다 한 것이었다. 가장 바쁜 시기이기도 하거니와 내 요구에 대한 답이 한동안 없었다. 잘리는 건가? 한편 걱정도 되긴 했지만 마음을 비우고 저지른 일이라 어찌 되었든 상관없다고 생각하고 맡은 일만 열심히 했다.

계약을 하자고 연락이 온 건 3월이 되기 이틀 전이었다. 내 요구를 다 들어주는 거냐고 재차 확인했고 학교 측은 거의 모든 것을 수용해주었다. 틀린 말이 하나도 없었을 터이니 당연한 거라고 생각했다. 그런데 그렇게 계약이 성사되고 나니 더 불편해졌다. 큰소리치는 대상에게는 조심하는 것 같았다. 내가 워낙 별나다고 생각했나 보다. 시쳇말로 무서워서가 아니라 더러워서 피하는 것 같았다. 그래도 뭐 내 할 일만 열심히 하면 된다 싶었다.

도서관 담당 선생님은 또 바뀌었다. 매년 바뀐다. 독서나 도서관 업무를 다른 학교에서는 한 번도 해보지 않았다고 한다. 정년퇴직을 앞두고 이번에 새 근무지로 전근 온 새로운 선생님이었다. 우리 학교에선 골치 아파서 도서관 업무를 맡을 선생님이 없나 보다 했다. 아무것도 모른 채 일을 맡은 선생님에게 작년에는 두 선생님에게 양분되었던 업무를 병합해 혼자 하도록 했다. 도서관 운영뿐만 아니라 독서토론 동아리 운영관리와 예산 집행 등 할 일이 너무 벅찼을 거다.

그래서인지 3월 초 도서관으로 인사를 오셨을 때 일이 너무 많은 것 같다며 작년에 한 것처럼 '도서관 소식지' 발행업무를 맡아서 해달라고 통사정을 했다. 원래 맡은 업무도 아닌 것을 하면서 내가 얼마나 스트레스를 받았고, 어떻게 싸워서 떼어낸 업무인데 다시 맡으라니 정말 황당했다.

내 계약관계를 전혀 모르는 상사이기에 말을 안 할 수도 없고 도서관 운영시간을 일일이 보고하고 설명하려니 결재할 때마다 여간 번거로운 것이 아니었다. 그래서 새로 온 선생님에게 내 처지에 대해, 입장과 계약관계에 대해 간략하게 알릴 수밖에 없었다. 한사코 거절하는 내 입장을 알아주길 바랐다. 그런데도 그 선생님은 네 번을 더 찾아오고 전화를 걸어 와서 해달라고 사정을 했다. 결국, 통계 코너 부분만 맡아서 협조하기로 타협했다. 이해는 하지만 또 조율해야 할 일이 태산 같았다.

담당 선생님과도 관리자들과도 껄끄러운 상태였다. 그런 데다 학기 초라 교무실은 늘 분주하고, 선생님들은 많은데 기존 선생님들이 많이 바뀌어서 낯설고, 있던 선생님 중에서는 몇몇을 제외하고는 시선이 곱게 느껴지지 않았다.

계약관계로 소란을 일으킨 자격지심도 조금 있었고, 관리자들 특히 F 교감 선생님은 얼굴도 보기 싫고 목소리도 듣기 싫었다. 마주치기도 싫었다. 교무실 쪽으로는 되도록 지나가지 않으려고 한동안은 학교를 빙빙 돌아다니기도 했다. 심적 '외상후스트레스장애' 느낌이었다. 그래서 학교 전화로도 하기 어렵고 직접 찾아뵙기도 어려운 상태라 할 말이 있어도 어쩔 수 없이 또 편지 형식이나 메신저로 전달할 수밖에 없었다.

교감 선생님께

독서토론 동아리 활동은 각종 학교도서관 운영지원 및 독서행사 지원에 참여해야 하는 자율적인 학부모 모임입니다. 학부모였던 독서토론 동아리 설립 초반에도 회원 자격을 부여하지 않은 채 모든 활동을 해왔습니다. 이번에 보고 올린 원북원 선포식 참여 외에도 책 밤 행사, 문학기행, 작가 초청 행사 등 많은 도서관 행사지원을 해야 합니다.

하지만 제가 원했던 계약조건도 아닌 일방적인 '시간제' 계약을 한 것이 처음이라 시간 외에 나가야 하는 업무에 대한 적용이 작년과는 다를 것 같아 출장으로 올리는 것이 맞는지? 초과로 올려야 하는 것이 맞는지? 행정실에 여쭤본 건데 교감 선생님께서 전화를 바로 해서 무척 당황스러웠고 하신 말씀 그대로 수용하려니 너무 부당하다 생각되어 글 올립니다.

"저는 학교에 취미생활을 하러 오는 것이 아닙니다."

'독서토론 동아리 운영 지원'은 제 업무라고 메신저까지 보내셨습니다. '업무'라 함은 사전적 의미로 직장 같은 곳에서 맡아서 하는 일이라고 정의합니다. 그동안 과중한 업무의 수고에 대한 치하는 이제 바라지도 않습니다. 또 그동안 맡은 업무가 싫은 일이 하나도 없었습니다. 싫어하는 일은 빼줄 테니 좋아하는 일이니 계속하라는 말씀을 받들자면 여태 했던 모든 일을 그대로 해야 하고 할 수도 있습니다. 그런데 학교에서 제게 취했던 전방위적인 외면과 배척을 속수무책으로 당하고서야 그나마 제 위치와 범위를 확인하였습니다.

그런데도 독서토론 동아리 활동을 계속하라고 했을 때, 그마저 제가 못하겠다고 고사하면 동아리 회원들 간의 신의를 저버리는 사람이 되는 것 같아 별말씀을 안 올린 것뿐인데 좋아하는 일이니 당연히 하라는 것은 어떻게 받아들여야 하는지 모르겠습니다. 업무 분장표에는 분명 업무로 표기하고 직원이 좋아서 하는 일이면 사적인 취미처럼 치부되는 것이 왜 유독 저에게만 해당되는 것인지 납득이 되지 않습니다.

제가 초단시간 근로를 원해서 하는 입장이 아님을 잘 아시면서 근무시간 초과하여 일하는 부분에서는 교육청 초단시간 근로자 근무지침에 초과업무를 시키지 않아야 하므로 '출장'도 '초과근무'도 수당 지급 의무나 해당 사항이 없다는 행정실 입장만 대변하려면 정작 근무시간 외 초과해야 할 업무를 부여하지 않아야 하는 것이 이치에 맞지 않습니까?

올해 처음 독서토론 동아리 회원명단에 제 이름을 올려놓고 위촉장까지 줄 때 이런 경우를 대비하여 준 건가 의구심마저 듭니다. 제가 하는 업무가 제가 아닌 누구나 할 수 있고 해낼 수 있는 일인데 선심 쓰듯 회원자격까지 부여하며 굳이 업무를 맡기신 뜻을 저로서는 도저히 헤아리기 힘이 듭니다.

급여가 50만 원이라 하더라도 엄연히 직원입니다. 각종 혜택이나 수당을 보장받지 못하는 초단시간 근로자는 시키면 시키는 대로 다 해야 합니까? 일을 더 하고 싶어도, 급여를 더 받고 싶어도 이런저런 규제로 가로막은 것은 학교 측 입장이었습니다. 제가 취할 수 있는 권한은 아무것도 없는데 권리마저 모두 차단시켜놓고 동아리 회원으로서 책임만 다하라는 말씀을 따르라는 것은 어불성설이라고 생각합니다.

계약 때 올린 글에서처럼 제 입장은 변함이 없습니다. 충분히 고심하여 올린 글에도 귀 기울이지 않고 있다가 똑같은 질문과 답답한 해결을 반복하는 소모가 저를 더 비참하게 합니다. 처음 업무를 분담할 때부터 시간제 계약이라 이제 출장, 초과근무를 하더라도 여비를 지급할 수 없는데 독서토론 동아리 회원으로 활동할 수 있는지 제 의사를 먼저 물어보는 것이 올바른 순서가 아닌가요? 저는 조삼모사에 일희일비하는 원숭이가 아닙니다. 시간제 계약밖에 못해주지만 하고 싶어 하는 일을 맘껏 하도록 해줄게 식의 모순된 업무 지시는 따르고 싶지 않습니다.

저는 사회봉사도 꾸준히 하고 있습니다. 누가 시키지 않아도, 노동의 대가가 없어도 일을 할 수 있는 원동력은 자율 의지입니다. 그렇기에 지금 제가 요구하는 본질을 외면한 채 저를 몇 푼 수당을 취하기 위한 치졸한 사람으로 치부하거나 평가하지 않으셨으면 좋겠습니다. 저는 물질의 풍요를 삶의 가치로 삼지 않습니다. 자발적 동기가 없는 재주 부리는 곰은 되기 싫습니다.

개인의 능력을 인정한다면 그 능력에 맞게 효율적인 운용으로 업무의 발전을 도모함이 바람직하다고 생각합니다. 제 업무 능력이 필요하다면 그에 합당한 보장과 보호를 해주셔야 하는 것이 공평에 부합하는 것일 겁니다. 평이한 업무도 아닌 토론을 이끌고 학교 대표 동아리 모임으로 지금의 위치에 있게 하기 위해 최선의 노력을 다한 운영 주체였던 저를 몰라주셔도 좋습니다. 다만 이제는 하고 싶지가 않습니다. 해도 그만 안 해도 그만인 일을 굳이 맡고 싶지 않습니다.

제 계약에 관한 규정도 없고 명확한 근거도 없이 제가 질문만 하면 항상 행정실에서도 교무실에서도 서로 상이한 답변을 하셔서 혼란스럽기만 합니다. 같은 처지의 학교 직원을 알지도 못하고 어느 누구의 도움을 받을 수도 없는 제 입장도 매번 어렵기만 합니다. 회원 신청을 한 적도 없고 동의를 받은 적도 없으니 제가 빠져도 공무에 위배된 행동은 아닐 것입니다. 학교에서 정해준 독서토론 동아리 회원으로서 저는 회원을 탈퇴하겠습니다. 그리고 제 근무시간에 해당하는 선에서 업무분장표에 명시된 대로 동아리 운영 지원만 하겠습니다. '지원'에 대한 범위를 다시 알려주십시오.

노동 가치에 대한 보장을 받지 못하도록 제도의 틀 속에 묶어놓고 더 나은 삶을 위한 최소한의 희망도 꺾은 채 최대의 효용 가치를 끌어내는 것만큼 잔인한 것은 없습니다. 역지사지를 바라진 않지만 제 입장을 고려하지 않는 강압적인 지시에는 따를 수가 없음을 분명히 밝힙니다. 또한 업무 지시에 저항하는 개인적 거부 의사에만 초점을 맞춰 바라보지 마시고 하고 싶은 일도 하고 싶지 않게 만든 학교 운영의 문제점부터 바로잡고 형평성에 맞는

근로환경을 조성하여 맡은 소임에 최선을 다 할 수 있는 학교가
되었으면 하는 바람입니다.

추신.
어제 명확한 답을 피하는 행정실과 자세한 건 행정실로 알아보
라고 한 교감 선생님 말을 듣고 교육청 행정관리과에 문의했는데
초단시간 근로자라 하더라도 제 업무시간 외에 학교의 공식적인
업무 수행 시엔 결재권자의 동의가 있으면 '출장', '초과근무' 모
두 가능하다는 답변을 들었습니다.

3월, 독서토론 동아리의 발대식 다음 일정으로 원북원 선포식
참여가 있다. 참여를 위해서 내가 출장 가는 시간에 도서관을 지
켜줄 학부모가 필요하다. 아니면 근무시간을 오전 사서 도우미
퇴직 교원 선생님과 서로 바꾸어서 도서관 운영에 차질만 없도
록 하면 된다. 그렇게 선포식 참여를 위해 출장을 가게 되면 나
는 종일 근무를 하는 거라 작년 급여체제와 바뀐 상황에서 근무
지 내 출장을 어떻게 상신 올려야 할지 몰랐다. 급여담당 행정실
주무관님에게 메신저를 보냈다. 어떻게 하면 되냐고. 연락이 없
더니 퇴근 시간이 다 되어 F 교감 선생님에게 바로 전화가 왔다.
독서토론 동아리는 회원 자격으로 가는 거라 학교와 별개니
내가 좋아서 하는 일을 초과로 올릴 수 없다고 한다. 출장으로
올리지 말고 근무상황 보고만 하란다. 정말 기가 막힐 노릇이다.
내가 학부모인가? 이전에는 그랬지. 하지만 아이가 졸업한 지 4

년이 지났다.

　동아리 활동 시 작년에는 선포식 참여나 문학기행 등 외부 체험 시에는 인솔 교사로 그리고 토론 진행과 독서토론 동아리 참여 도서관 행사 때는 운영 교사 역할로 모든 일을 수행했는데 갑자기 학부모 둔갑이다. 그러면서 좋아하는 일을 하는 거라 수당을 줄 수 없단다. 너무한다는 생각에 입장 표명을 명확히 하는 장문의 글을 보냈다. (2018년 4월)

책과 산과 글쓰기

아프지 않으려고 산을 탔다. 마음을 다스리려고 책을 읽었다. 아파서 병원을 쫓아다니다 보니 약 봉투만 쌓여갔다. 이건 사는 것이 아니란 생각이 들었다. 환자가 되는 것보다 자연치유를 택했다. 열심히 산을 오르내리며 자연을 느끼고 계절을 느끼고 싶었다. 마음이 힘들어서 무엇인가에 몰두하지 않으면 이내 마음속 깊은 앙금들이 치고 올라왔다. 책 속에 파묻혀 있는 동안은 힘들게 했던 모든 일이 저만치 물러나 있었다. 내 감정을 제어할 수 있는 시간을 벌어다 주었다.

내가 좋아하는 것이 무엇인지 물으면 단 1초도 서슴지 않고 책이요, 산이요 말할 수 있다. 책은 아주 오래전부터 함께해온 터라 삶의 일부이자 생활이고 전부다. 딸이 초등학생 때던가? 학교 다녀와서 불쑥 내게 물었다. '엄마가 무인도에 가는데 딱 한 가지만 가지고 갈 수 있어요. 뭘 가지고 갈 거예요?' 내가 별로 생각하지도 않고 '책'이라고 했더니 딸이 기함을 한 적이 있다. 나는 책에서 이 세상을 이겨내고 버텨내는 법을 배웠기에 앞으로 펼쳐질 세상도 살아내려면 계속 읽어야 할 것 같다.

산은 그저 옆에 있어서 다니기 시작했다. 몸이 여기저기 아파 운동의 필요성을 느꼈으나 박봉의 생활비에 헬스장이니 요가니 운동비용도 사치 같았다. 버는 만큼 써야 하는 게 이치, 산에 올라간다고 입장료를 징수하지는 않으니 고마울 따름이다. 그렇게 무작정 올라간 산에서 너무 많은 것을 배웠다. 산은 위안과 평안을 가져다주었다. 혼자 가는 산행은 특히 그렇다. 그 고마움을 잘 안다. 그래서 책과 산에 대한 글이 많다. 책과 산과 글쓰기, 학교에서의 힘든 일들도 겪어내고 버텨냈던 힘이 되었다.

(2018년 5월)

계약기간 도래 트라우마

계약한 이후로는 아무런 요구도 하지 않았고 일상으로 돌아가 겉보기에 아무 문제가 없는 평온한 날들이 이어졌다. 그런데 어느덧 또 계약 기간이 도래했다. 다시 두근거리기 시작했다. 마음을 다스리기 위해 그렇게 부단히도 노력했건만 1년 전 트라우마가 또 발현됐다.

E 교장 선생님, F 교감 선생님께

계약 관련 요청 글 올립니다. 가장 바쁜 시간을 보내고 계실 두 분에게 폐가 되지 않도록 글로 대신 전달하게 된 점 양해 바랍니다.

첫째, 주 14시간 계약을 주 15시간 근무로 변경 요청 드립니다. 주 14시간 근무로 인해 월~목요일 3시간, 금요일 2시간 근무를 하고 있습니다. 금요일은 학생들과 학부모의 불편을 호소하는 민원을 많이 받았습니다. 그래서 연체가 되는 경우가 발생하고 도서관 이용률까지 줄어듭니다. 그리고 폐관시간(14:30)에 몰려오는 학생들 대출 반납업무까지 처리하기에 도서관 업무시간이 부족합니다. 금요일은 제 시간에 퇴근한 적이 손에 꼽을 정도입니다. 학생과 학부모님을 직접 대면하는 입장에서 민원까지 오해를 풀어드려야 하는 고충을 겪고 있습니다.

둘째, 계약서에 명기된 시간에 업무를 할 수 있도록 해주십시오. 지금은 방학 중, 학기 중 오전, 오후, 학부모 독서토론모임 등 근무시간을 학교 편의를 위해 조정해서 나오고 있습니다. 그러나 지난 5년간 일정하지 않은 근무시간으로 인해 다른 일을 할 수가 없었습니다. 장기간 무기 계약 전환이라는 약속을 믿고 그동안은 제 의사 전달을 제대로 전하지도 못하고 학교를 위해 최선을 다했습니다만 기약 없는 시간제 시급으로 학비 내기도 역부족입니다. 다른 일을 할 수 있도록 계약서에 명기된 시간대로 고정해서 일하게 해주십시오.

셋째, '학교도서관 이용 방법 교육' 수업은 1학년 선생님들이 직접 하게 해주십시오. 학기 초에 자청해서 도서관 이용의 활성화와 원활한 업무를 위해 그동안 신입생을 대상으로 도서관 이용 방법 수업을 3년간 제가 해왔습니다. 초과수당도 없고 수업료도 없는 수업을 제 개인 시간 할애해서 열심히 했습니다. 해도 안 해도 아무도 몰라주는 일을 이어서 하고 빵 조각으로 중간중간 허기를 채우면서 점심시간도 없이 정한 업무시간까지 하는 것이 너무 힘에 부칩니다. 학생 대상 수업을 하는 여러 선생님은 대수롭지 않은 일이겠지만 신입생들 수업하고 오후에 또 도서관의 많은 업무까지 보는 것이 힘듭니다.

넷째, 사서 도우미(퇴직 교원, 학부모) 교육과 관리도 직접 해주십시오. 짧은 3시간 이내에 모든 업무를 혼자 해야 해서 한 시간 이상 늦어지는 경우도 있습니다. 우리 도서관은 많은 책과 서가 부족으로 인해 나름의 배열방식으로 정리가 되다 보니 오랫동안 도와주는 사서 도우미 학부모도 잘못하는 경우가 많습니다. 처음 하실 때 이런 여러 상황을 충분히 전달하는 교육이 꼭 필요합니다. 갑작스러운 학부모 도우미 지원 요청도 어려움이 많습니다. 사서 도우미 운영계획 정보를 공유해주고 교육자료 매뉴얼도 준비해주십시오.

다섯째, 사서 실무원 명칭을 사서로 바꿔주십시오. 이 부분에 대해선 작년에 제가 사서 실무원 또는 사서 명칭을 원했습니다만 교육청에서 교육 실무직원 지침에 정한 바에 따르면 실무원이라는 명칭이 보조의 성격이었습니다. 저는 보조가 아닙니다. 제 업무는 사서 업무입니다. 학교 업무 분장에는 '도서관 운영 및 관리 업무 지원, 독서행사 지원, 독서동아리 운영 지원' 단 한 줄로 표기하지만 자세한 업무는 매년 제출하는 교육공무직원 업무성과서 보고사항 그대로 정말 많습니다. 업무와 자격 사항에 합당한 명칭을 원합니다.

두 선생님 다 학교를 떠난다고 들었다. E 교장 선생님은 퇴임하고 F 교감 선생님은 다른 학교로 간다. 몇 년째 재계약 기간만 도래하면 예민해진다. 사소한 일에도 신경이 곤두서고 날카로워지는 것이다. 작년에 계약 관련하여 고초를 당한 후로는 증상이 더 심해진 것 같다. 그래서인지 지금에서야 보니 떠나시는 두 관리자에게 보내는 글로는 적절하지 못했던 것 같다. 마지막까지 힘들게 하려고 작정한 사람 같다. 보낸 요구사항 중에 딱히 변경된 것도 없다. 내가 하지 않으면 안 되는 일이었고, 다른 선생님들이 할 수도 없는 일이고 시정이 안 되는 줄 알면서 요청한 것도 있다.

개선의 여지가 없는 답답한 현실을 받아들이자니 미칠 것 같고 괜히 소리 한 번 꽥 질러보는 용심이 났던 모양이다. 나로 인해 우리 학교에서 안 좋은 기억들만 가지고 가는 건 아닌지 모르겠다. 설령 방법이 좀 잘못되어서 나에게 큰 상처를 준 사람들이긴 하지만 관리자 그들 입장에서 생각해보면 특수한 고용조건으로 근무하는 직원을 많이 겪어본 것도 아니고 관련 업무를 처리하는 것도 처음이었을 테다. 그들은 본인의 자리에서 최선을 다한 것일지도 모른다. 늦었지만 두 선생님에게 전하고 싶었다.

"심려 끼쳐 정말 죄송했습니다. 용서하십시오. 그리고 건강히 지내십시오."

그런데 끝이 아니었다. 계약 기간 만료 이틀 전 계약 종료를 통보받은 것이다. (2019년 2월)

제발 도와주십시오

초단시간 근로계약을 그대로 이어간다는 것만으로도 괴로운데 또 한 번 폭풍이 몰아쳤다. 2월 16일에 E 교장 선생님과 F 교감 선생님에게 올린 글로 인한 후폭풍인지도 모르겠다. 25일 전만 하더라도 순조롭게 진행되는 것이 내키지 않을 정도였다. 작년 그대로 도서관을 지켜달라는 도서관 담당 선생님의 언질도 있었지만 변동 없는 계약조건이 마뜩하지 않았다. 계약서도 받았는데 양식이 달라진 계약서라 사인하기가 내키지 않았다. 읽어보고 내일 하겠다고 나왔는데 사달이 났다.

교육청 행정관리과 주무관님께

안녕하십니까? 수고 많으십니다. (…)

그런데 어제 오전 10시경에 작년 계약과 동일한 시간당 임금 10,000원 주 14시간 초단시간 계약조건으로 2019학년도 근로계약을 하자고 행정실에서 연락을 주셔서 다녀왔습니다. 행정실장님은 여전히 주 15시간 변경 계약은 교육청 지침상 안 된다고 했습니다. 근로계약서 1부도 지금 가지고 있습니다. 그런데 계약서 양식이 작년과 달리 많이 바뀌었고 상세내용을 자세히 살펴보고 싶어서 행정실 계약업무 담당하는 주무관에게 "서류를 읽어보고 내일 사인하겠습니다." 하고 말하고 왔습니다. 채용 신체검사서도 준비하라고 하셔서 오전 근무시간(방학 중에는 오전 근무를 합니다) 마치고 서류 준비를 위해 부산 V 병원을 방문하였습니다. 아직 계약서 사인은 하지 않았지만 첨부 서류도 준비하고 있었고 구두상의 계약은 진행 중이었습니다.

병원 업무를 보고 있는데 갑자기 행정실 계약 담당 주무관님이 전화를 해서 서류 준비할 필요 없고 내일 다시 행정실장님을 뵈라고 했습니다. 무슨 일인지 물어도 알려주지 않고 무조건 실장님이 알려줄 거라고만 했습니다. 밤새 온갖 상념들로 잠 한숨 못 자고 어제와 똑같은 시간에 오늘 실장님을 뵈러 갔습니다. 말씀인즉, 어제 교육청 공문이 왔는데 초단시간 근로자 채용은 배식 실무원, 통학 차량도우미, 유치원 생활 도우미만 해당하므로 사서를 채용할 수 없다는 것입니다. 사서는 봉사제로 전환되어 채용하고 있는데 하루 4시간 시간당 5,000원으로 한 달 40만 원 근로조건이라고 하면서 이 조건으로 근무 가능하면 계약하고 안 되면 어쩔 수 없다고 합니다.

그동안 힘들고 억울하고 비참한 모욕감을 느끼면서도 언젠가는 나아지리라는 희망을 품고 견뎌왔습니다. 그런데 이제는 갈 곳이 없습니다. 대학생과 고등학생 장성한 자녀들이 있는데 한 명 교육비에도 보탬을 줄 수 없는 임금입니다. 오후 시간 근로이기 때문에 다른 일을 하고 싶어도 시간이 맞지 않아 이 일만 계속하고 있었습니다. 이번 '교육공무직원 취업규칙 개정 계획(요약)' 공문 주요 내용 첫 번째 항에 '상시·지속적인 업무 시에는 채용 시부터 정규직(무기 계약직) 채용 원칙 마련'을 보았는데 저는 그 내용에도 포함되지 않는 건가요? 누구 한 사람 제 편에 서서 알려주는 사람이 없습니다. 제가 정말 봉사 도우미라도 계속 근로를 해야 하는지 판단이 서질 않습니다. 주무관님 제발 도와주십시오. 주무관님이 담당하는 업무 내용이 아니어서 모르는 일이라면 교육청 어느 주무관님에게 도움 요청해야 할지라도 알려주면 정말 감사하겠습니다. 부탁드립니다. 갑자기 쓴 글이라 두서가 없습니다만 꼭 좀 살펴봐 주십시오.

앞으로 학교에서 채용하는 인력은 초단시간 근로 계약자에 해당하는 배식실무원, 통학 차량 도우미, 유치원 생활 도우미밖에 없고 나머지 교육공무직원 채용은 교육청에서 직접 채용, 관리한다는 거였다. 그런데 행정실장님은 그걸 역으로 해석하여 이 세 가지 업무에 해당하지 않는 '사서'는 채용하지 못하게 되었으니 봉사로 다시 계약하자는 거였다. 벌써 E 교장 선생님과 F 교감 선생님의 결재도 완료되었다고 했다. 일사천리다. 말로 해서는 안 될 것 같아 어쩔 수 없이 교육청에 문의를 하게 되었다.

그러나 교육청 홈페이지 조직개편을 했고 작년에 정말 친절하게 응대해주던 주무관님의 성함은 어디에도 찾을 수가 없었다.

할 수 없이 그 공문을 학교로 발송한 담당 주무관님에게 질문해야겠다고 생각했다. 그런데 몇 차례 전화에도 통화가 어려웠다. 다른 주무관이 대신 받아 부재중이라고 알려주었는데 또 전화하기가 미안했다. 그래서 담당 주무관님에게 메일을 보내기로 하고 작성한 글이었다. 메일 한 통으로 내 입장이 잘 전달될 수 있기를 바라면서.

메일을 보내고 전화를 했다. 담당 주무관님의 조금은 뻣뻣한 목소리와 마주했다. 메일을 보냈는데 확인 부탁드린다고 하니 못 봤다고 바로 확인을 하는 것 같았다. 받긴 했는데 글이 상당히 기네요. 하면서 읽어본 후에 다시 연락을 하겠다고 했다. 끊고 또 하염없이 기다렸다. 다음 날까지 기다려도 연락이 없었고 행정실장님은 빨리 계약하자는 독촉 전화를 했다.

할 수 없이 다시 전화를 했다. 메일 내용을 살펴보니 혼자 결정할 일이 아니어서 상부에 보고 중이며 결정 되는 대로 연락을 취하겠다고 한다. 그럼 전화 부탁드립니다, 했더니 행정실로 바로 전화해서 조치할 거라며 행정실 결정에 따르라고 한다. 확실히 작년 담당 주무관님과는 다르게 무뚝뚝하지만 신경 써서 살펴봐 주는 것만으로도 너무 감사했다.

얼마 후 정말 G 행정실장님에게 전화가 왔다. 다시 기존대로 계약하자고 했다. 이번엔 계약 시간 한 시간 추가해서 초단시간에서 벗어나고 싶었건만 언감생심 말도 꺼내지 못할 상황이 생기면서 그냥 또 그대로 계약을 했다. 이건 마치 치밀하게 잘 짜인 계획안이 있었던 것 같기도 하고 한편, 각본 없는 드라마 같기도 했다.

 끝날 때까지 끝난 게 아니고 잠시라도 긴장을 늦추면 잡아먹히고 마는 적자생존의 환경에서 살육을 피해 생존을 위해 필사적인 몸부림을 쳐야 했다. 정말 다이내믹하고 스펙터클한 살아남기다. 초단시간은 계속 초단시간으로만 어떻게든 유지하는 조건으로 단시간 전환 계약자를 사전에 차단하고자 미리 설계된 촘촘한 거미줄 같은 방어막에 걸려든 해충이 된 느낌이다. (2019년 2월)

저는 비정규직 초단시간 근로자입니다

제가 이런 수식어를 달고 다니는 일을 하게 되리라곤 눈곱만치도 생각해본 적이 없습니다. 어제오늘 이 말을 하면서 전화통을 붙들고 상대방에게 여러 수십 번 되뇌었던 말입니다. 이런 타이틀을 지닌 채 살아간다는 것이 이렇게 비참하고 모욕적인 일인 줄도 몰랐습니다. 그저 책을 좋아하고 책 가까이에서 일을 할 수 있다는 즐거운 마음으로 내 도움을 학교가 필요로 한다는 생각만으로 기쁨에 겨워 계약서 내용을 자세히 들여다보지도 않고 사인을 했습니다.

2월만 되면 여기저기 더 쑤시고 아픈 것 같습니다. 햇수로 만 5년 차 학교도서관 사서로 일하면서 재계약 기간이 도래하면 왠지 모르게 가슴이 울렁거리고 일도 손에 잡히지 않아 머리 쓰는 일보다는 몸으로 하는 일을 더 찾아 하게 됩니다. 어제도 오늘도 소리 없이 치열하게 싸웠고 끝내 이겼습니다만 반쪽짜리 승리입니다. 정신적으로나 육체적으로나 너덜너덜 만신창이가 된 기분입니다.

나이 차가 일곱 살이 나는 우리 아이들이 다닌 모교라 큰아이와 작은아이까지 학교를 재학한 햇수만으로 12년 동안 드나들이한 곳이기도 합니다. 그래서 이 학교에 더욱 애정이 깊은지도 모르겠습니다. 주 14시간이 제 계약서의 근로시간이었습니다만 시간과 상관없이 내 아이들이 다니는 도서관을 최선을 다해 지키고 싶었습니다. 혹시라도 도서실 운영에 누를 끼칠까 봐 누구보다 열심히 노력했습니다.

아침 8시부터 오후 4시까지 도서실 운영시간이었지만 쓸고 닦고 청소하고 정리하느라 한 시간을 초과하는 건 거의 매일 반복되었고 일이 많은 날엔 저녁 9시까지 하고 갔습니다. 제일 늦게 퇴근하면서 깜깜하게 불 꺼진 학교를 핸드폰 불빛에 의지하며 그 긴 복도를 혼자 걸어도 다음 날 책을 빌리러 오는 아이들의 모습을 떠올리며 힘든 줄도 몰랐습니다. 오십만 원도 안 되는 급여에 수당도 없었고 칭찬도 없었습니다. 사실 아무도 관심을 기울이지 않았습니다.

오늘 학교에서 있었던 일을 잊고 다시 마음을 다잡기 위해서 마치고 딸아이랑 영화를 보러 갔습니다. 〈항거〉, 유관순 열사가 당연한 소리를 외쳤음에도 부서지고 깨어지는 모습을 보며 마음 속 깊은 곳, 잔잔해지던 내면의 바다에 큰 물결이 일었습니다. 나라를 위한 부르짖음에 비할 바는 아니지만 일제에 항거한 모습을 보며 학교라는 권력에 항거한 나 자신의 모습이 전이된 듯 열사의 고통을 고스란히 공유하며 더 속상하고 억울한 마음으로 눈물을 훔쳤습니다.

내일 또 일하러 나가야 합니다. 하지만 그렇게 좋아하던 도서관이 이제는 적군이 있는 전쟁터 같습니다. 우리 아이들을 보면 반갑게 손 흔들고 웃음 짓던 내 얼굴이 자꾸 굳어져가는 것을 느낍니다. 해마다 반복되는 전쟁에 남은 것이 없습니다. 얻은 것은 하나도 없습니다. 전리품이라곤 겨우 지켜낸 초단시간 근로계약 유지입니다. 근로시간을 지키고 과중한 업무를 덜어내는 것이 엄청난 잘못을 하는 것인 양 수군대고 모함합니다. 인간적인 대우는 바라지도 않습니다. 그냥 너무나 부당하기에 싸울 뿐입니다. 제가 아니면 아무도 해줄 수가 없기 때문입니다.

'항거하다'라는 소제목으로 글쓰기 카페에 열다섯 번째 올린 글이다. 글쓰기 모임에 참여했다. 매일 글쓰기를 한다. 처음에는 글을 쓴다는 것도 부담스럽고 매일 쓴다는 건 정말이지 못 해낼 것 같았다. 그런데 꾸준히 아직 이어지고 있다. 글쓰기는 자신을 모두 비워내고 상황이 객관화된 상태에서 자신을 마주하는 과정이다. 꽤 효과가 좋다.

자신이 행했던 일을 돌아보면서 자기반성도 하고 글을 쓰면서 마음의 찌꺼기를 비워내는 해소의 역할도 톡톡히 한다. 나아가 상대방이 처한 상황도 엿보는 기회이다. 글쓰기가 이렇게 좋은 줄 조금 일찍 알았더라면 어떤 상황에서도 크게 부딪힐 일 없이 원만하게 해결할 수 있지 않았을까 싶다. 그리했다면 깊은 내상 없이 열정 가득하고 의욕 넘쳤던 더 행복한 나로 빨리 돌아갈 수 있지 않았을까? (2019년 2월)

학교도서관의 입지

2019년 3월 1일 금요일 도서관 관련 칼럼을 보았다. '대통령도 안 오는 도서관 정책 보고회'라는 제목이었다. 도서관 지기라 어쩔 수 없다. 이런 기사에 더 관심이 간다.

도서관을 도서관답게 만드는 핵심인 장서와 전문 사서의 태부족이라는 근본 문제의 해결을 미룬 채 포장만 바꾼 정책들이 발표되고 있다. 대학도서관 서비스에서 중요도와 만족도의 격차가 가장 큰 항목은 최신 자료 제공, 가장 시급한 개선 과제 역시 자료 부족 및 관리 문제였다. 인력 문제도 심각하다. 전국 공공도서관의 사서 충원 비율은 법정 기준의 18.2%에 그친다. 공공도서관의 40%(406개관)가 최소한의 사서 배치 기준인 3명 미만이고, 현직 사서의 68%는 비정규직이다. 대학도서관 직원 수도 2013년 대비 2017년 9% 감소했다. 초중고 학교도서관 사서교사 수는 평균 0.1명도 안 된다. 해결책으로 도서관 정책 담당 부서 설치 요구와 실효성 확보를 들었으나 관종별 도서관 이용 실태와 국민수요조사 등 근거제시 노력이 부족했고 실행력의 관건인 중장기 예산안 없이 당위만 열거된 회의였다. 지난해 12월 열린 제6기 대통령 소속 도서관정보정책위원회가 독립 행정기관으로서 확고한 위상을 갖고 책과 사람을 중심에 둔 도서관 혁신의 기틀을 만들어야 한다.

백원근,「백원근의 출판풍향계 요약」,『한겨레』,2019년 3월 1일

2018년 8월 14일 자 KBS 뉴스에서는 '정부는 오늘 청와대에서 문재인 대통령 주재로 국무회의를 열고 모든 학교도서관에 사서교사나 사서를 1명 이상 의무적으로 두도록 하는 방안 등 15건의 안건을 심의·의결합니다.'라고 보도했다. 공중파 뉴스니, 신뢰가 갔다. 지역 교육청으로 점차 구체적인 방안에 대한 지침이 내려오겠거니 오매불망 기다렸다. 우리 행정실 계약업무 담당 직원에게도 혹시 부산시 교육청에서 '학교도서관 사서' 관련 공문이 오면 알려달라고 몇 번을 부탁했다.

그 뉴스 이후에 우리 학교 기간제 선생님들이 모두 정규직으로 전환되었다는 소식을 접했다. 도서관 바로 옆 돌봄교실 1년 반 차 선생님도 해당하였다. 5년 차인 나보고도 무기 계약 전환했는지 여쭤보시는데 자괴감이 들었다. 그 이후 부산교육청 홈페이지를 즐겨찾기에 저장하고 관련 공지가 있는지 수시로 훑어보았지만 별다른 소식이 없었다. 우리 학교 도서관 운영위원회 시간은 교장, 교감 선생님이 바뀌고 유명무실해져서 도서관 운영에 대한

건의나 소통 창구 자체가 전혀 없었다.

작년에 처음 1, 2학기 2회 실시하는 교육공무직원과 학교장의 소통 시간이 생겼지만 모두 도서관은 빼고 진행됐다. 나중에 시간 조율을 담당했던 교무실무원 선생님에게 왜 알려주지 않았냐고 확인하니 깜빡했다 미안하다 내년에 하라 했다. 내년에 이 학교에 있을지 없을지도 모르는데, 어이가 없었다. 정중히 양해를 구하고 메신저로 기사 전문을 첨부하여 '사서' 채용과 정규직 전환에 관한 학교 측 입장을 듣기 위해 용기 내어 E 교장 선생님에게 여쭤보았다. 짧은 답글이 왔다.

"안타까운 마음은 이해하지만 혼자서 결정할 문제가 아닙니다."

지난 2월 중순까지 '학교도서관 사서 또는 사서교사 의무배치'와 관련한 아무런 발표나 공지도 없었다. 부산교육청 채용 담당 주무관님에게 기사 내용과 관련하여 우리 부산교육청의 계획이 있는지 여쭤보았다. 헛웃음을 치셨다.

"선생님, 교육청마다 차이가 있긴 하지만 기사 내용처럼 의결 통과해도 이런 정책 사안들이 실무에 적용되려면 몇 년 아니 몇십 년 걸릴 수도 있어요. 장기 계획으로 발표된 거라…. 지금은 어떤 내용도 없습니다."

'아, 올해도 희망이 없구나!' 내 잘못은 아니었지만 김칫국 드링킹이 부끄러웠다.

이 칼럼을 읽으니 고구마 100개를 먹은 듯하다. 그때의 막막함이 다시 치밀어 오른다. 도서관의 입지가 이렇게 약할 줄 몰랐다. 특히 학교도서관은 최악이다. 나는 그렇다 치고 우리 사서 선생님들이 여태 이런 대우를 받으면서 일했다니 너무 속상하다. 왜 이런 부당한 대접을 받고도 계셨을까? 나름의 이유가 있겠지만 대통령 소속 도서관 정보정책위원회 전체회의에서조차 도서관 위상을 제대로 세우지 못하는데 하물며 최하부 기관인 학교도서관은 오죽하랴 싶다. 또다시 작아진다.

2019년 3월 3일, 칼럼을 읽고 요약하는 글쓰기였다. 도서관 관련 칼럼이라 반가웠다. 그런데 정작 내용은 희망적이지 않았다. 2018년 8월 14일에 발표된 '모든 학교도서관에 사서교사나 사서 1명 이상 의무배치 방안' 신문 기사를 사서교사 김보영 선생님이 반가운 소식이라며 링크를 걸어 보냈다. 초단시간으로 근무하는 계약관계를 알고 내 처지를 늘 안타까워했다. 고마웠다. 희망에 부풀어 한동안 들떠 있었던 내 모습도 생각났다. 당장에 추진될 것 같은 기사들은 가짜인가 의심스러울 정도로 시행되려면 한참 멀었단다. 학수고대, 얼마나 많은 시간이 소요될지 우리들은 알 길이 없다. 망연자실하다.

글쓰기 모임에 사서교사 선생님이 몇 명 있다. 자유 글쓰기 할 때 간간이 학교도서관 이야기를 올리는데 선생님들 글을 통해 비정규직 초단시간인 나만 부당한 일을 겪는 게 아니란 걸 알게 되었다. 사서교사 임용 시험에 당당히 합격한 정교사임에도 학교에서의 인식은 평교사에 못 미치는 것 같아 안타까웠다. 내 위치에서는 최고의 안정적이고 이상적인 자리라 생각한 '사서교사'가 알고 보니 학교에서 열외 취급을 받는 아웃사이더더라니 가히 충격적이었다. 잘못돼도 뭔가 한참 잘못된 것 같았다.

수평 사회를 교육하고 지향해야 할 기관에서 가장 수직적인 서열 잣대로 교원을 평가하고 점수를 매긴다. 보이지 않는 알력에 의해 세력이 형성되고 계층과 등급을 매기고 인권 유린을 자행하는 곳에서 우리 학생들은 무엇을 보고 배울까? 새가 보고 듣고 쥐가 보고 듣는다. 교과서에 나온 내용만 주입식으로 읊으면 되는 게 교육은 아니다. 가정교육도 마찬가지겠지만 평소의 말과 행동, 몸짓 하나도 보고 배우는 우리 아이들에게 어떤 배움을 줄 것인지, 가르칠 것이 무엇인지 고민해봐야 할 것이다.

(2019년 3월)

춘래불사춘(春來不似春)

2019년 5월 1일 수요일 근로자의 날이었다. 물론 이렇게 공식적인 휴일 근로는 수당을 지급해준다. 얼마나 감사한 일인가. 오늘은 사서 도우미 당번 학부모가 펑크를 냈다. 예전 같으면 이렇게 학부모가 무단결근 한 날 학교에서 연락 오면 바로 뛰어와 대신 근무를 했었다. 그런데 학부모 사서 도우미 대표가 공석을 메워주었다. 계획도 짜주고 일정도 만들어준다. 정말 얼마나 고마운지 모르겠다. 원숭이 꽃신 같다. 편리하게 적응돼 이젠 없으면 혼자 못할 것 같다.

근무시간 세 시간 동안 나도 너무 바빴다. 파손 도서도 많이 쌓여 있었고, 한 선생님은 전학생 등록을 3명이나 한꺼번에 신청했고, 도서를 찾아달라는 선생님, 1학년 학생들의 단체 방문, 1학년 돌봄교실의 도서관 활용 수업, 등록한 도서 카드 발급, 분실 도서 카드 찾아주기, 6학년 숙제 자료 참고도서 찾아주기, 책 정리는 얼마나 쌓이던지…. 교대 시간에 사서 도우미 회장님이 부탁한 글도 바빠서 밴드에 못 올렸다.

　퇴근 시간이 훌쩍 넘은 시간, 책 정리를 다 마치고, 밴드를 열었다. 오늘 혼자 너무 힘들었다며 개선사항을 하소연하던 회장님 얼굴이 떠올라 모른 체할 수도 없고, 약속은 꼭 지켜야 하니까! 밴드에 협조사항과 전달사항 등을 정리해서 올렸다. 실수로 깜빡한 학부모님은 기분 나쁘지 않게 하고 회장님 속상함도 풀어줘야 할 텐데. 올리긴 했는데 글재주가 없어서 걱정된다. 그 결과는 아직 모르겠다. 사서 도우미 회원 관리, 진짜 어렵다. 여긴 진짜 퇴근도 없다.

　교과를 맡은 선생님들은 수업 연구를 한다. 급변하는 사회흐름에 발맞추어 다양한 콘텐츠를 이용해 차별화된 교육내용을 효과적으로 전달하기 위해 부단히 노력한다. 정보의 홍수 속에서 정확하고 최신의 자료를 선별 수집하여 교육의 질적 향상을 위해 정진한다. 사서 선생님들도 마찬가지다. 도서 자료를 연구하고 싶다. 양서를 가리고 학습 수준에 따른 체계적이고 효과적인 독서 지도를 하고 싶다. 독서를 위한, 독서를 통한 정서함양에 기여하고 싶다.

　학교도서관 이용 학생은 다양하지만 소외되거나 도움의 손길이 필요한 학생이 친구들과 어울리지 못해서, 놀아주지 않아서, 외로워서, 갈 곳이 없어서 도서관을 찾기도 한다. 그런 학생들은 눈에 띈다. 옆에 가서 말도 붙여주고 어떤 도움이 필요한지 어떤 책이 어울릴지 이야기 나눠보고 싶다. 그런데 그럴 여유가 없다. 아이들이 아프기 전에 무슨 큰일이 일어나기 전에 알아차리고 처방하는 것만큼 효과 있는 안전예방과 학교폭력 예방 교육이 또 있을까?

사서교사는 학교도서관 도서를 연구하기 위한 고급 인력들이다. 그런 인력들이 학교도서관 책장 정리나 하고 있고 대출, 반납을 위한 단순 업무만으로 시간을 다 보내버리면 사회적으로 너무 손실이 크다. 도서관 업무만 보면 차라리 낫다. 학교의 잡다한 업무를 맡아 하는 사서 선생님들이 많다. 학교에 일손만 부족하면 불려가 도와야 한단다. 책을 보고 연구하는 것이 책무인데 책을 보고 앉아 있으면 노는 줄 안다. 그러니 책을 볼 시간이 없다. 책 펼 시간이 없다는 거다. 책 제목과 표지는 훤히 아는데 내용을 파악하기 위해서는 개인적인 시간과 노력으로 채워야 한다.

내가 하는 일이 아닌 일, 내가 하고 있어도 시키지 않은 일, 업무 분장에도 업무 성과지에도 기록되지 않는 수많은 사소한 일들이 드러나지는 않지만 하지 않거나 모른 체하면 표가 나는 일이다. 나뿐만은 아닐 것이다. 산업 현장이나 사무 현장이나 나 아니라도 누군가는 하겠지 하는 사소한 점검과 확인을 미룬 결과는 대형 사고나 재난으로 이어지는 경우가 허다했다.

그런 숨은 노력을 하고 있다는 것을 근로자 자신의 입으로 '나 잘했죠!' 할 수는 없는 노릇이다. 관리자가 왜 있겠는가? 부하직원의 잘못된 점만 찾아서 지적하고 점수를 매기고 쳐내려고만 하지 말고 숨은 공로를 찾아 치하하고 격려해주면 신이 나서 더 잘하려는 분위기가 형성될 것이다. 관리자는 그러라고 있는 자리라고 생각한다.

도서관엔 마실 물이 없다. 당연하다. 책이 있는 곳이니까. 하지만 도서관 앞에도 물이 없다. 도서관이 있는 건물 1층엔 물이 없다. 2층에도 없다. 3층. 서관 전체 건물에 남자 선생님만 있는 체육 준비실 안에 정수기가 한 대 있다. 들어가기가 꺼려진다. 그래서 집에서 마실 물을 들고 가든지 물을 되도록 안 마시려고 한다. 업무시간에 물을 마시려면 도서관을 비우고 올라가야 하고 아니면 마치고 나서 따로 물을 길어다 먹어야 한다. 불편하다고 몇 번을 건의해도 기타 등등의 이유로 아직 설치되지 않았다. 본관 1층 중앙현관 쪽에는 3대가 모여 있다. 교무실에 하나, 행정실에 하나, 복도에 하나. 너무 많은 거 아닌가?

그나마 3층 체육실에 있는 정수기는 똑같은 외주업체 임대인데 관리를 소홀히 한다. 정수기는 똑같은 회사 제품인데 물맛이 확연하게 다르다. 한번은 청소상태가 너무 불량하여 점검날짜를 살펴보았다. 9개월 동안 기록이 없었다. 행정실에 알렸더니 되레 나를 나무란다. 오늘도 점검 다 하고 갔는데 무슨 말을 하는 거냐고 확인도 하지 않고 별난 사람 취급을 했다. 너무 화가 나서 사진도 찍고 렌탈업체에 직접 연락을 했다. 담당자는 정수기 위치도 몰랐다. 상태를 얘기하고 행정실에 알리겠다고 하니 알리지 말라고, 미안하다고 통사정하며 바로 달려왔다. 행정실은 아직도 그 사실을 모른다. 행정업무 처리까지 직접 해야 하나 싶다.

이번에 여름방학 공사 끝난 뒤 도서관이 물바다가 되었다. 원인을 알 수 없지만 일부 서가와 바닥이 물이 스며들어 가구는 부르트고 바닥에는 곰팡이가 생겼다. 문을 열고 들어오면 퀴퀴한 지하 냄새가 난다. 바닥엔 시멘트 가루와 페인트 자국 등 공사 잔해가 남아 있다. 아무리 닦아도 그대로다. 전용 약품이 아니면 지워지지 않을 것 같다. 행정실에 알렸는데 전 교실 청소지원 해서 다 치웠는데 그때 뭐 했냐고 묻는다. 도서관 이삿짐 정리하느라 3일 동안 허리도 못 폈다고 하니 아무 말도 하지 않고 가버렸다. 아직도 청소 지원 오지 않았다.

에어컨 전체 교체 공사 때도 도서관만 제외되었다. 공사 당시 도서실을 임시교무실로 사용한다고 교체하지 않더니 감감무소식이다. 다음 학기나 그다음에라도 교체해줄 줄 알았다. 더군다나 에어컨 필터 청소도 걸핏하면 뺀다. 이게 다 학교도서관 운영위원회를 졸속으로 하고 담당자는 걸핏하면 바뀌니까 그런 거다. 이렇게 속속들이 아는 사람도 없고, 알려줄 사람은 회의에서 빼버렸다. 도서관에 한 번도 찾아오지 않는 교사위원들끼리 서류만 들고 형식적인 회의만 주야장천 하고 있으니 도서관 환경은 더 열악해진다. 도서관 알기를 우습게 안다. 도서관에 일하는 사람은 더 우습게 안다. (2019년 5월)

아이들이 참스승

　도서실에서 폐기작업 하면서 나온 쓰레기를 가득 들고 분리수거하고 막 교문을 나서는데 3년 전 독서토론 동아리 회원 학부모를 만났다. 깜짝 놀라며 반갑게 인사했다. 중학생이 된 아이의 안부를 물었더니 '공부를 잘 하는 건 아니지만 책 읽고 정리하는 건 선생님 가르쳐준 대로 열심히 하고 있어요. 학교에서 그걸로 상도 받았어요. 왜 선생님이 알려준 마인드맵 정리법이요. 뭐든지 틈만 나면 그거 하고 있어요.'라고 한다.

　학교 사서 도우미로 일하기 전에 R 대학교 평생교육원 주관 보건복지부 지원사업인 마인드맵을 활용한 자기주도 학습 공부법을 지도하는 방문 교사로 일했다. 그때 W를 만나 수업을 했었다. 그리고 학교도서관에서 또 만나고 그 학부모를 동아리에서 또 만났다. 참 인연이 깊다. 그리고 묘하다. 내가 가르친 공부법을 아직도 적용해서 잘하고 있고 상까지 받았다니 뿌듯하다. 폐기작업 선별하느라 오전 내내 힘들었지만 집으로 돌아가는 발걸음이 가벼웠다. 스승의 날 선물을 받은 기분이었다.

나로 인해 한 아이가 달라졌다. 변화가 있었다니 기분이 무어라 표현하지 못할 정도로 뭉클하고 짜릿했다. 내가 누군가에게 영향을 끼치는 사람이구나 생각하니까 책임감이 더해졌다. 사명감을 가지고 정말 진실하게 정성을 다해야 할 것 같았다. 내가 정말 좋아하는 책을 진심으로 알려주고 전해주면 언젠가는 A 초등학교 학교도서관을 지키는 그 사서 선생님! 하는 순간이 오겠지. 책을 너무 좋아하는 선생님, 책 이야기 하면 눈이 반짝반짝 빛나는 선생님으로 아이들 기억에 남고 싶다.

그림책 방에 앉아서 내내 그림책 읽어주면서 오후 시간을 보내고 싶다. 질문도 하고 게임도 하고 책이 왜 좋은지, 어쩌다가 학교도서관에 오게 됐는지, 공부는 왜 해야 하는지, 책을 읽으면 어디에다 써먹는지, 아이들과 이런저런 책 이야기로 종일 지내다 오면 더 바랄 게 없겠다.

학교 계약 관계로 내 요구를 들어주지 않는다고 소비하고 보낸 시간이 너무 안타깝다. 고작 세 시간 일하고 오는데 그런 쓸모없는 분쟁으로 보낸 시간이 얼마나 많았는지 모르겠다. 학교 관리자가 미워서 학교에서 정한 시간에 딱 맞춰서 내 할 일만 하고 올 때가 많았다. 열심히 해도 모르는데 열심히 해도 알아주지도 않는데 열심히 할 필요를 못 느꼈다.

그런데 이렇게 감동을 주는 아이들로 인해 반성하고 깨닫는다. 내가 부족했구나, 내가 잘못했구나, 내가 아이들에게 배움을 준 것은 고작 공부의 기술일 뿐이다. 아이들에게는 성찰을 배운다.

더 큰 교훈이며 감동이다. 이렇게 큰 가르침을 주는 아이들이야 말로 참 스승이다.

지난 6월, 부산광역시립 시민도서관에서 학교도서관 사서 도우미 대상 교육이 있었다. 학교도서관에 워낙 다양한 봉사 직군이 다 모여 있으니 이런 통합교육의 기회를 통해서라도 도서관의 원활한 운영을 돕자는 취지일 것이다. 첫 수업 시간, 이론 수업인 줄 알았더니 게임 진행만 했다. 도서관에서 책으로 할 수 있는 놀이를 알려주었다. 직접 참여해보니 재미있었다. 강연자가 김보영 선생님이었기에 나중에 강연 소회를 들을 수 있었다. 학교도서관 업무지원시스템도 잘 모르는 사서 도우미도 많은데 교육대상과 상관없는 수업을 한 것 같다며 부끄러워했다.

각자 나름의 느낌이 있겠지만 전혀 엉뚱한 수업이 아니었다. 나는 오히려 존중받는 느낌이었다. DLS 시스템 활용에 대한 교육은 교육연구정보원에서 상시로 하고 있으니 선생님이 아니면 그런 수업을 하거나 들을 기회조차 없었을 것이다. 선생님은 초등 사서교사 책 놀이 연구모임도 한다. 우리 학생들에게 어떻게 하면 책으로 더 다가갈 수 있는지 항상 공부하는 선생님이다. 누가 알든 모르든 음지에서 양지에서 학교도서관 활성화를 위해 노력하는 좋은 사서 선생님들이 정말 많다. 이들의 힘으로 그나마 유지되고 있을지도 모른다.

'사서'가 있어야 사서 도우미가 존재하는 건데 사서도 없는 도서관에 도우미 인력만 데려다 놓는 정책 자체가 모순인 학교도서관 현장에서 양질의 독서 교육을 바라는 교육행정기관의 욕심이 너무 과할 뿐이다. 너무나 짧은 업무시간, 기본적인 업무만으로도 벅찬 시간이다. 언젠가는 선생님의 책 놀이 수업을 실제로 아이들과 함께 할 수 있는 시간을 만나길 바란다. 선생님의 말씀처럼 세워 놓든 눕혀 놓든 상관없이 책에 스며드는 우리 아이들이 많아지도록 더 노력해야겠다고 다짐했다.

사랑해요 고마워요

이 세상에 단 하나뿐인 가장 예쁜 꽃
수줍게 건네던 아이의 미소와
고사리손으로 공들인 노력과
잊지 않고 찾아준 고운 마음이
고스란히 전해진 최고의 선물
그간의 노고와 고충을 녹여낸다

2019년에도 2018년에도 2017년에도 매년 스승의 날이면 반가운 이가 찾아온다. 그리고 무슨 특별한 날이 아닐 때도 불쑥 와서 살짝 주고 가기도 한다. 어떤 이는 도서 반납함 안에 넣어두기도 하고 학부모 사서 도우미에게 맡겨두기도 한다. '도서관 사서 선생님, 감사합니다.' 카드를 들고 편지를 들고 카네이션 꽃을 들고. 내 외모가 아이들이 그리 좋아할 만한 인상이 아니다. 어쩌면 접근하기 어려울 수도 있겠다. 커다란 덩치에 할머니처럼 하얀 머리에 아주 어린 친구들은 많이 무서울지도 모른다.

그런데도 도서관에서 책을 지켜주셔서, 항상 친절하게 해주셔서, 대출 반납을 빠르게 해주셔서, 종이 쳤다고 알려주셔서, 따뜻하게 맞아주셔서, 자기 일을 열심히 해주셔서 감사합니다, 인사로 돌려준다. 계속 있어 달라고, 오래오래 살라고, 건강하게 지내라고, 내년에도 있어 달라고 한다. 이런 편지들은 시기도 귀신같이 잘 맞춰 온다. 힘들고 지칠 때다. 지친 몸과 마음을 어루만져주는 사랑의 묘약이다. 무슨 복인지 모르겠다. 이 맛에 산다.

(2019년 5월)

아침 일찍 학교에 갔다. 독서토론 동아리 모임 날이다. 교무실 앞을 막 지나려는데 J 교감 선생님이 다급히 불렀다. 언제나 상냥한 눈웃음으로 반갑게 인사한다. 오늘 외부 손님이 학교를 방문하는데 도서관을 둘러보러 올지도 모르니 토론 중에 놀라지 말라고 귀띔해준다.

지난달 첫 동아리 모임 때 교장, 교감 선생님이 격려차 방문하였다. 시작 시각 5분이 지났음에도 회원들 출석이 완료되지 않았고 책 읽기 이벤트 선물 포장작업 때문에 토론 준비를 마치지 않아 어수선한 분위기여서 많이 민망했다.

열띤 토론이 진행될 즈음 손님들이 도착했다. 오늘은 아파서 못 온 한 명을 제외하고 전원 참석. 출석률도 좋았다. 책상 위엔 토론 도서 유현준의 『어디서 살 것인가』와 공책이 펼쳐져 있다. 남부교육지원청 교육장님이 부산원북원 선정도서를 보고 반색했다. 여러 질문들이 오갔다. 교육지원국장님과 장학사님, 교장 선생님, 교감 선생님, 행정실장님 모두 흐뭇해하면서 보고 있었다. 나가면서 도서관 지원 활동과 도서관 활성화를 위해 애쓴다며 감사 인사와 함께 엄지 척을 하고 갔다.

토론을 마칠 즈음 교감 선생님의 학교 전체 메신저가 왔다. 손님들이 아주 흡족해하며 돌아갔고 우리 학교의 학습준비물실과 독서토론 동아리 활동 모습, 오케스트라 연주회를 보고 A 초등학교의 저력을 느낄 수 있었다며 칭찬을 아끼지 않았다고 한다.

동아리 다음 달 계획을 의논하고 토론을 마무리하고 분리수거할 쓰레기를 두 손 가득 들고 교무실을 지나칠 때 복도 끝에서 식사를 마치고 나오는 교장, 교감 선생님을 또 만났다. 한달음에 와서 다시 인사를 하고 무언가를 손에 쥐여준다.

"오늘 수고했습니다."

"네, 감사합니다. 교장 선생님도 수고 많으셨습니다."

쓰레기를 든 손으로 받으면서 인사했다.

"같이 버려 드릴까요?"

쓰레기 쥔 손에 주기에 쓰레기인 줄 알았다.

"아! 아니, 급식실에서 받은 건데 석 선생님 드시라고요."

"아! 네. 저는 버리라는 건 줄 알고, 안 주셔도 되는데 교장 선생님 드십시오."

"아니, 나는 많이 먹었어요. 드세요."

사과 주스였다. 하나씩밖에 안 주는 건데. 곧 뒤따라온 교감 선생님에게 인사를 하는데 한마디 거들어준다.

"내 것도 드릴까요?"

"아! 아닙니다. 하하."

"하하하하."

"하하."

교장 선생님도 교감 선생님도 기분 좋은 하루인가 보다. 선생님들 모습이 보기 좋았다. 덩달아 기분이 좋았다.

'더도 말고 덜도 말고 한가위만 같아라' 했지. 내가 하는 일에 전념하고 그 일을 인정해주고 나도 이런 날만 있으면 편안하고 좋을 텐데. 정말이지 더 바랄 게 없을 텐데. 이렇게 학교관리자의 편안한 모습이 낯설다. 그동안 나를 옥죄어오던 무시와 경시와 멸시의 눈빛이 아닌 사람대접 받는 따뜻하고 포근한 눈빛이었다. 너무 행복하면 그 행복이 깨어질까 두렵다고 한다. 이 행복이 오래가지 않을 것 같아서 이런 기분을 마냥 즐기지만은 못했다.

인간 대 인간, 사람 대 사람으로만 보자면 우리 학교 교장 선생님과 교감 선생님은 너무 인상이 좋으시다. 교감 선생님은 정말 다정다감하고 교장 선생님은 더없이 멋지다. 두 선생님 모습만 보고 있어도 절로 미소 짓게 만드는 훈남 훈녀다. 그렇게 좋아 보이는 느낌만으로 함께 잘 지내고 싶다. 학교에 어려운 일이 있으면 시키지 않아도 열심히 돕고 항상 웃으며 반갑게 인사하고 싶다.

김영란법이 생겨 차 한 잔 대접하기 힘든 사회지만 아무 요구조건 없고 청탁 사심이 전혀 없는 순수한 마음으로 도서관으로 초대해 차 한 잔 대접하고 싶은 좋은 선생님들이다. 학부모와 함께 하는 독서 토론모임에도 수시로 초대해 교장 선생님과 교감 선생님의 독서 교육철학도 듣고 싶고 학부모들이 참고할 만한 자녀교육에 대한 의견이나 조언도 구하고 싶다.

너무 이상적인 학교도서관 분위기인가? 꿈꾸기에는 너무 어려운 상상인가? 소통을 통해 자연스럽게 도서관 업무환경과 독서교육의 활성화 방안과 개선점을 논의하고 시정되고 시행되는 학교도서관이었으면 좋겠다. 학교 선생님들은 독서 수업할 때 필요한 자료요청을 하고 탐구 수업 지원도 하면서 공동의 협력 수업으로 아이들에게 더 많은 것을 주었으면 좋겠다.

굳이 책 속 지식이 아니더라도 학교의 밝고 따뜻한 분위기, 관리자와 근로자가 화합하고 상생하는 분위기를 만들어간다면 학교폭력 예방을 계몽하는 매체를 굳이 이용하지 않더라도 저절로 가르칠 것 같다. 배울 수 있을 것 같다.

편 가르고 분류한 학교 운영체제와 노동법을 악용한 편법계약의 모순과 비도덕적인 지침과 비교육적인 지령으로 서로의 등에 가슴에 칼을 꽂는 전쟁을 치르게 했다. 평화롭게 살기를 원하는 아무 잘못 없는 선량한 이웃끼리 총부리를 겨냥한 채 경계하도록 했다. 사이좋게 지내고 싶은데 싸우라고 시킨다. 알고 보면 사적인 감정이 생길 필요가 없는 환경에서 서로에게 상처 주고 해를 입히는 전쟁놀이의 희생양이었다. 관리자도 나도.

그냥 노동자일 뿐이다. 밥그릇의 차이만 다르지 똑같이 나라가 배분한 자기 밥 챙겨 먹는 일개미다. 수평적인 관계일 뿐인데 수직적인 주종 관계로 계층화시켜 통제하려던 불평등한 사회구조가 나쁘다. 그렇게 구조화시킨 통제시스템을 운용하는 국가가 나쁘다. 경쟁하게 만들고 싸우게 만들었다. (2019년 5월)

무조건 달려온다 무조건

월요일은 3시 30분에 교직원 회의가 있는 날이다. 일주일의 시작이기도 하고 회의 참석을 위한 준비도 해야 하니 도서관 담당 선생님이 항상 바쁘다는 걸 안다. 그래서 어지간하면 월요일은 급한 연락이 아니면 메신저나 전화를 하지 않는다. 그런데 이번에는 달랐다. 화요일은 1학기 신간 도서 수서 작업을 해야 해서 학부모 사서 도우미 몇 분이 오기로 했다. 편하게 따로 말할 시간이 없을 것 같아 메신저를 보냈다.

수요일은 학부모 독서토론 동아리 모임의 문학기행이 예정되어 있어 학교에 출근하지 않는다. 나이스 근무상황 신청 결재를 올리기 전에 담당 선생님에게 알려야 했다. 하루 3시간, 짧은 업무 시간으로는 외부교육이든 출장이든 초과가 될 수밖에 없다. 그러나 고용계약상 초단시간 근로자는 초과근무를 시키면 안 된다. 누가 대신해줄 수도 없고 그렇게라도 일하기로 했으니까. 특히 토론동아리 운영은 내가 좋아서 한다는 걸 전제조건으로 내

건 추가 구두계약이라 일은 하되 정한 근무시간 외에 활동은 투명 유리처럼 흩어지는 시간이다. 내가 원하든 원하지 않든.

지난 6월 14일 금요일, 시민도서관에서 열린 학교도서관 사서 도우미 연수도 교육 시간만 4시간에다 왕복 이동 시간까지 더하면 정한 금요일 근무시간 2시간을 훨씬 초과하는 거였다. 출장비도 못 받고 초과수당도 없는 교육을 비 오는 궂은 날씨에도 불구하고 참여했던 건 학교도서관에서 우물 안 개구리가 되지 않으려는 몸부림이었다. 스스로 참여하고 움직이지 않으면 나이 든 뒷방 늙은이처럼 아무도 신경 쓰지 않는다.

메신저에 '수요일 문학기행 때도 시민도서관 연수 때처럼 근무지 내 출장으로 상신 올리면 되나요?'라고 담당 선생님에게 물었다. 월요일이라 바쁘셔서 그런지 한참 동안 답이 없으셨다. 오후 3시가 넘었다. 퇴근 시간이 30분 남았다. 신간 도서 납품 선정업체에서 보낸 책들이 도착했다. 도서목록을 살펴보고 있는데 담당 선생님이 급하게 뛰어왔다. 깜짝 놀랐다.

"선생님 교감 선생님에게 방금 여쭤보고 왔는데 근무지 내 출장으로 올리는데 지난번 금요일처럼 연수 시간 전체를 올리시면 안 되구요. 근무시간에 해당하는 12:30~15:30 설정해서 올리시랍니다."

"아! 네…. 문학기행 일정 시간인 오전 9시부터 오후 4시까지 그대로 올리면 안 되고, 그렇게… 요?"

말문이 막혔다. 내가 뭘 잘못 들은 걸까? 아버지를 아버지라 부르지 못하는 길동이처럼 일하고도 일했다 하지 못하게 하는 환경이 원망스러웠다. 그러고는 부리나케 월요일 회의가 있어서요, 하고 가신다. 학교 구조상 담당 선생님 교실과 도서관은 본관 4층 복도 끝과 서관 1층 끝이다. 극과 극이다. 바쁜 거 아는데 그 말을 하려고 뛰어오셨다. 달려온 선생님이 고맙기도 하고 바쁜데 메신저를 보내 미안했다. 마칠 시간이 훌쩍 지나 있었다. 서둘러 뒷정리를 마치고서야 가만히 어이없는 상황을 다시 되짚어 보았다. 바쁜데 굳이 왜 뛰어오셨을까?

순간 깨달았다. 예전에 개인 전화번호로 퇴근한 선생님에게 근무시간 관련 질문을 했던 메시지에도 답을 주지 않았었다. 그리고 관련 답을 요청한 정중한 부탁 메시지를 금요일 퇴근 후 학교에 있는 교감 선생님에게 보냈을 때도 주말 내내 답이 없다가 월요일에 '답을 못해 미안해요. 문자 메시지 봤는데 직접 만나 얘기하는 게 좋을 것 같아서 답을 안 했어요.'라는 답변을 들을 수 있었고, 그전에 학교에서 여쭤볼 때도 교감 선생님이 도서관으로 직접 오셔서 답을 해주셨다.

그런 기억이 조금 전 담당 선생님의 상황과 차례로 오버랩되면서 소름이 끼쳤다. '아! 기록을 남기면 안 되는구나!' 초과근무를 시켰다거나 계약서상 정한 근로 외 업무를 지시하면 안 되는 거니까 기록을 원천 차단하는 거구나! 나이스 시스템에도, 개인 메시지 창에도, 전화 내역도. 내가 나중에 뭘 어떻게 할까 봐 염려하는 건가? 도대체 나에 대해 어떤 사람이라고 전해 듣고 평가하고 있는 건지 모르겠다. 그래도 이해해야 하나? 이해할 수 있는 문제인가?

난 참 바보 같다. 이런 상황에도 지속적인 근무를 해야 하나 답을 못 찾겠으니 말이다. 초단시간 비정규직, 내가 하고 싶어서 하는 것도 아닌데, 내가 정한 틀도 아닌데 규정을 어기면서까지 일은 시키고 시킨 일은 안 시켰다 발뺌하는 안전장치는 다 해놓는다. 일하는 당사자에게도 일하지 않았다고 인정하도록 지시하고, 기록까지 조작하게 하고, 쉬쉬 감추게 하고.

지나가는 사람들을 붙잡고 물어보고 싶다. 자꾸만 인식 오류를 일으키는 상황을 만든 상대방이 잘못된 건지, 그대로 받아들이면 되는 선의를, 아무것도 아닌 일을 꼬아서 오해를 생산하는 내 뇌 구조가 잘못된 건지. 눈치가 없는 건지 미련한 건지. 좋았다가 싫었다가 아직은 오르락내리락한다. 명확하게 드러내고 말해주면 좋겠다. 이제는 학교에서 나의 도움은 필요가 없다고. 그러니 아름다운 마무리를 하고 떠나 달라고. 미안하다고. 그렇게만 말해줘도 가볍게 뒤돌아설 수 있는데. 그동안 힘들게 해서 죄송하다고만 해도 좋을 텐데. 좋지도 않은 머리로 자꾸 예측하고 추측하게 만들지 말고 그렇게만 말해주면. (2019년 6월)

사과의 테이블
The Table of Apology

퍼포먼스와 설치

잠시 마음을 가다듬으십시오. 그리고 앞에 놓인 종이에 누군가에게 오랫동안 미처 하지 못했던 또는 누군가로부터 꼭 듣고 싶었던 '사과의 글귀'를 천천히 쓰십시오. 다 쓰고 난 다음 앞에 놓인 틈 사이로 넣고 자리를 떠나십시오.

독서토론 동아리 문학기행으로 부산현대미술관에 갔을 때, 특별한 체험을 했다. 각 전시실마다 전시물의 콘셉트가 다른데 '마음 현상: 나와 마주하기'라는 주제로 개개인이 퍼포먼스를 직접 함으로써 설치미술의 작가 의도를 파악하는 구성이었다. 앞서 다른 방을 보다가 시간이 오래 지체되었다. 다른 곳을 둘러보고 있는데 일행이 나를 불렀다.

"선생님, 저기 저 방 꼭 체험해보세요. 정말 괜찮아요. 우리는 다 했으니까 나가서 기다릴게요. 하고 나오세요."

방 안으로 들어가니 3m가 넘는 긴 테이블 가득히 파쇄된 흰 종이 더미가 있다. 그리고 그 방 끝부분 금지선을 넘어가니 좁은 통로가 나오고 다시 꺾인 모퉁이를 돌아 들어가니 독서실 책상 모양의 사방이 차단된 작은 테이블과 의자가 있다. 책상 위에는 독서조명 등 하나와 종이, 펜 한 자루가 놓여 있다. 그리고 책상 위쪽 1/3 지점에 우편함처럼 생긴 좁고 긴 틈이 나 있다. 책상 앞 벽면에 퍼포먼스에 대한 설명이 적혀 있다. 혼자 들어가서 하는 공간이라 상황을 파악하고 이해하고 실행하는 단계까지 시간이 좀 걸렸다. 사실 어리둥절해서 조금 멍 하니 앉아 있었다.

그래도 밖에서 기다리는 일행들이 신경이 쓰여 얼른 정신을 차렸다. 설명글을 읽어보니 '사과의 글귀'만 눈에 들어온다. 인지하자마자 종이에 써 내려갔다. 정말 그 문장들을 쓰는 데는 조금의 망설임도 없었고 지체함이 없었다. 생각의 속도를 따라가지 못해 글이 다급하다. 괴발개발 막 휘갈겨 썼다. 내 안에 울분이 이렇게 잠자고 있었단 말인가! 다 쓰고 나자 그 잠깐 쓰면서 감정이 올라왔는지 얼굴이 불타오르는 기분이다. 진정하고 다음 지시대로 틈 사이로 종이를 밀어 넣었다. 기계음이 울린다.

"위~~~~~잉~~잉~~잉."

아! 파쇄기구나! 사과의 테이블. 내 속마음을 드러내고 흩어 보내는 작업이었다. 왠지 속이 후련했다. 이 방 입구에 놓인 파쇄된 종이더미가 무엇을 뜻하는지 알 것 같았다. 저마다 의미 있는 각자의 한과 울분과 설움과 고민이 쌓인 종이 무덤이었다. 저렇게 갈가리 찢기고 나면 마음에서도 사라지면 좋겠다. 진심으로. 정신을 차리고 보니 기다리는 일행들이 생각났다. 그때 내가 휘갈겨 쓴 글이다.

> 석정연 선생님께
> 약속을 지키지 못해 죄송합니다.
> 그동안 얼마나 마음고생이 심하셨어요.
> 제 본의는 아니었습니다.
> 다시 한 번 고개 숙여 진심으로 사과드립니다.
> A 초등학교 관리자 일동

(2019년 6월)

우리가 사는 세상

검색창에 '비정규직'이라고 치면 어렵지 않게 찾을 수 있는 기사들이다.

공공도서관 비정규직 '급증' 서비스 질 추락 우려

대기업일수록 비정규직 비율 높아

청년 비정규직 비율 사상 첫 50% 돌파… 첫 직장부터 고용 불안

여성 고용률 올랐지만 비정규직 비율은 10년째 '제자리'

비정규직 비율이 역대 최고 비중을 차지했습니다.

한 집 건너 한 집에 아빠든 엄마든 아들, 딸이 비정규직인 거다. 그러니 '지금 당장 나만 아니면 돼!'가 아닌 언제 어느 집에 누가 해당할지 모르는 사회시스템이다. 이런 모순된 사회구조를

바로잡으려면 정규직이든 비정규직이든 힘을 모아야 한다. '비정규직'의 사전적 의미는 '근로 방식 및 기간, 고용의 지속성 등에서 정규직과 달리 보장을 받지 못하는 직위나 직무. 계약직, 임시직, 일용직 따위가 이에 속한다.'라고 명기되어 있다. 뜻 안에도 차별이 덕지덕지 붙었다.

우리나라에서 비정규직이 급격하게 늘어난 것은 1997년 말에 시작된 외환위기 때부터다. 경제 위기를 맞아 정리해고를 자유롭게 하고, 비정규직 채용 사유 제한을 없애는 법을 만들면서 비정규직 채용이 기하급수적으로 늘어났다. 그리고 세계화가 진행되면서 기업들은 고용을 쉽게 조절하고, 임금을 낮추어 이윤을 늘리기 위해 정규직을 비정규직으로 바꾸고, 신규 채용을 거의 비정규직으로 채웠다. 유럽에서는 비정규직의 규모가 평균 15% 수준인데 우리나라는 50%를 훨씬 넘었다고 한다.

그야말로 부자들을 위한 나라, 부자들이 잘사는 세계가 된 것이다. 이런 법을 누가 만들었을까? 국가가 지키고 보호해야 할 국민을 위한 법이 아닌 기업이윤을 증대시키고 고용도 마음대로 해고도 마음대로 할 수 있는 법을 만드는 데 나서서 도와준 거다. 법무부 장관이 왜 중요한지, 검찰개혁이 왜 필요한지, 대법관들 한 명 한 명이 왜 올바른 이성과 편향되지 않는 신념을 가진 사람이 되어야 하는지 알아야 한다. 우리가 왜 이 고생을 하는지,

올바른 사람을 제대로 보지 못했던 우리에게도 책임이 있다. 그래서 공부해야 한다. 최상위층의 교활한 술수에 놀아나는 재주 부리는 곰이 되지 않으려면, 평생 일만 하는 개미가 되지 않으

려면 사회 변화에 관심을 갖고 예민하게 반응하고 부당하면 부당하다 잘못하면 잘못했다 목소리를 내야 한다.

현실은 냉혹하다

작년과 똑같은 일을 하는 돌봄 선생님은 정규직 전환되고 나서 급여가 20만 원이 많아졌다고 한다. 각종 수당 차이였다. 고용이 안정되니 얼굴이 활짝 폈다. 급식조리원 선생님은 방학 기간 일도 하지 않았는데 수당만 60만 원을 받았다고 자랑했다. 똑같은 학교 일을 하고 이런 차별적 대우로 인격을 유린당한다. 일당벌이로 내몰고 정규직은 영원히 요원한 초단시간 근로자로 살아간다는 것, 너무나 부당해 보였다. 내가 그런 처지이고 보니 이건 아니다 싶었다.

나도 정규직이 일찌감치 되었다면 그 안정감에 편승하여 알량한 돈 몇 푼에 굴복하는 일하는 기계가 되었을지도 모르겠다. 하지만 이제 안다. 비합리적이고 불법적인 아니 법적이긴 하지만 법 자체가 차별을 양산한 모순된 법이었음을 이제 안다. 이제라도 고쳐나가야 한다. 정신 똑바로 차리지 않으면 권력 암투를 벌이는 속이 시커먼 그들의 비상한 계략에 말려들지도 모른다.

엄청 힘들었던 지난 2월, 전국학교비정규직노조 사무실에 전화를 했었다. 계약 관련하여 몇 가지 질문을 하고 상담을 받으면서 무상으로도 좋으니 노조에서 일하고 싶다고 했다. 누구보다 열심히 일할 자신이 있다고 했다. 너무 억울하고 분해서 목소리를 내는 데 동참하고 싶다고 했다. 거절당했다. 초단시간이라 안 된다고 했다. 비정규직이지만 초단시간이라서 안 된단다. 부당함을 외치고 차별과 편견을 위해 소리 내는 집단에서 소외를 당했다.

그들은 누구를 위하여 싸우는가? 우리가 싸워야 할 적들을 대항하기 위해서는 힘을 모으고 단결해도 그들의 전략에 오합지졸이 될지도 모를 판에 분류한다. 우습다. 계층 밑에 또 다른 계층, 최하위층 직군, 비정규직 초단시간 우리들은 국가의 보호도 받지 못하고 사회단체의 협력도 구하지 못한다. 치외법권이다. 어차피 우리들을 위한 법이 아니었으니 법망의 밖에 있다. 외인부대인가? 죽어도 모르고 힘들어도 모른다.

영화 〈기생충〉, 정말 충격적이었다. 직업도 제대로 없는 최하층민 주인공 가족이 주인 없는 주인집에서 주인행세를 한다. 갑자기 집으로 돌아온 집주인 눈을 피해 폭우 속에서 자신의 집으로 돌아가는 장면이 잊히질 않는다. 계단에서 계단으로 끝없이 아래로. 계속 이어지는 계단들. 우리나라 계층사회의 단면을 보여주는 명장면이었다. 최상위층은 비의 낭만을 즐기고 최하층민은 물난리를 겪는다.

뉴스를 매일 본다. 드라마보다 훨씬 재미있다. 스펙터클하고 익사이팅하다. 정치인들은 어제도 싸웠다. 오늘도 싸우고 내일도 싸울 것이다. 극악무도한 범죄는 날로 심각해지고 공인들의 도덕적 해이는 일상적이다 못해 너무 당연하다. 그런데도 각자의 자리에서 자기들만 살겠다고 집단 이익만을 추구해서 되겠냐는 말이다. 윗물이 맑아야 아랫물이 맑다고는 하지만 언제 윗물이 깨끗해질 때가 있던가? 언제나 진흙탕물이다. 썩은 물이 내려와도 우리끼리 정화할 수 있는 자정의 노력을 해야 한다.

초록은 동색

"비정규직 사서 말고 교사 증원하라" 제목의 『한국교육신문』 2019년 7월 24일 자 기사를 읽었다. 정규 교원 배치율이 8%에 불과한데 공무직 채용이 늘면 사서교사 정원을 잠식당한다는 기사였다. 1인 1학교 사서 또는 사서교사 배치 시행령 발표를 기뻐했던 입장에서 씁쓸하다. 각자의 입장 차이가 또 있구나 했다. 사서교사 입장에서 보면 공존해야 하지만 사서의 존재가 인정되지는 않는 것 같다.

학교도서관의 위상을 세우고 독서교육의 질적 향상을 위해서는 사서교사 전면배치가 바람직하다는 건 충분히 공감하고 그동안 밝힌 나의 주장과도 다르지 않다. 학교에서의 독서 교육이 그 무엇보다 중요하고 최우선으로 실천해야 할 과제이며 미래를 이끌어나갈 아이들에게 전문적이고 체계적인 올바른 책 읽기를 지속해서 지도해야 한다고 생각하기 때문이다.

그런데 지금 사서로 또는 사서 도우미로 일하고 있고 그렇게라도 일을 하고 싶어 하는 인력이 많은 점을 고려할 때 선 긋기라는 생각도 든다. 우리도 잘할 수 있는데, 우리도 누구보다 아이들을 사랑하고 누구보다 책을 사랑하는데, 우리가 불법으로 도서관에 들어온 것도 아닌데, 왜 불편해할까 하는 입장도 내가 서 있는 자리가 그 자리다 보니 사서나 사서 도우미 마음을 대변하는 것일 테다.

한편 이건 우리들끼리 자리다툼을 하거나 밥그릇 싸움을 해서는 안 되는 사회시스템의 전면 개혁, 교육 개혁의 문제라는 걸 알게 된 이상 사서교사의 주장도 맞다는 생각은 이성적 판단에 입각한 것이다. 둘 다 맞다. 어느 입장에서 보더라도 옳다. 그러나 지금은 잘잘못을 가릴 때가 아니다. 각자의 작은 입장 차이는 조금씩 양보하고 같은 목소리를 낼 수 있도록 대의를 위해 뭉쳐야 한다.

비록 학부모 대상 사서 도우미 모집공고를 시작으로 해서 학교 요구로 인한 사서 자격증을 취득하고 학교 사서로 일하게 됐지만 학교에서 내어준 자리라 들어온 것뿐인데, 필요하다 해서 열심히 일해준 것밖에 없는데, 개혁을 위해서는 불편한 존재 취급을 받으니 우울하기는 하다. 오라 할 때 왔다가 가라 할 때 조용히 사라져야 하는 입장, 당장 밥 먹고 살기가 어려운데 대의를 위해 내 한 몸 기꺼이 희생하리라 결심해야 하는 일이다.

그런데도 학교도서관의 밝은 미래를 위하는 길이라면 굳이 자리보전의 욕심은 없다. 애당초 내가 이 긴 글을 쓰려고 마음먹은 것도 일자리 확보를 위한 투쟁은 아니었다. 잠시 학교 직원으로 학교 환경과 교직원의 업무를 체험했었다고 마음을 접으면 그만이다. 다만 필요할 때는 궂은일, 귀찮은 일, 하찮은 일을 하라고 불러놓고 소용을 다했으니 집에 가라고 하는 건 인간적이지 않다는 거다.

모두 다 소중한 존재다. 똑같은 인격체로 존중했다면 이렇게 억울하고 부당하다는 생각이 없었을 거다. 사서교사를 대신해 나름으로 최선을 다해 학교도서관을 지켜온 사서 대체 인력에 대해서 최대한의 예우를 하고 그들에게도 협력을 구해서 도서관 발전을 도모한다면 좀 더 효율적일 것 같다. 학교도서관에 대한 애정은 너나없이 똑같다. 그 마음을 공유하며 각자의 위치에서 생각들을 모은다면 일방적인 관점의 한계를 뛰어넘을지도 모른다.

4차 산업혁명 시대 융합, 복합을 강조한다. 각각의 새로운 것들을 서로 합치고 뭉치고 하다 보면 또 다른 세상을 발견할 수 있는 거다. 그렇게 발전해나가야 한다고 본다. 정반합. 우리가 끊임없이 다름에 관해 토론하는 것도 합치를 위함이다. 나와 다르다고 배척하지 않고 상대를 존중하면서 서로의 장점을 또 배우는 것, 그것이 우리의 사고를 확장한다.

비단 학교도서관 사서와 사서교사의 문제는 아닐 것이다. 이런 고민과 갈등을 확대해서 보자면 여전히 심각한 사회문제로 대립하고 있는 비정규직과 정규직의 입장 차이이다. 우리나라가 비정규직으로만 가득 채워지는 건 지금 비정규직으로 일하는 사람도, 정규직으로 일하는 사람도 바라고 원하는 것이 아니다.

우리는 다 함께 행복하게 일하고 싶다. 고른 기회가 주어지고 선의의 경쟁을 하고 공평하게 평가받고 싶다. 억압이 아닌 자유로운 분위기에서 잠재된 역량을 마음껏 펼치며 구분 짓거나 분류하지 않는 차별 없는 환경에서 평등하게 실력을 인정받고 싶다. 그렇게 학교와 사회와 국가의 발전을 위해 일하고 싶다. 다 같은 마음일 것이다. 너나 할 것이 없다. 서로의 입장을 이해하고 아픔을 공유하면서 함께해야 한다. 더 좋은 세상을 위해.

미래 교육의 장으로 거듭나길

미래를 책임져야 할 아이들을 보호하고 지켜주어야 한다. 혼란스러운 정쟁, 반목의 모습만 보여준다면 아이들이 지향해야 할 가치나 판단의 개념 정립을 어렵게 한다. 힘들게 한다. 국가의 잘못된 체제나 교육 개혁에 대해 거시적인 관점에서 큰소리로 외치기 위해서 입을 모아야 한다. 촘스키의 주장처럼 '진실을 가르치고, 진실을 깨달은 사람들이 연대하고, 방관자가 아닌 행동하는 참여자로 나서라.'

학교관리자의 잘못된 명령에 반대를 표명할 수 있는 곳, 누구나 자유롭게 발언을 해도 불이익을 당하지 않는 곳, 그런 참 교사를 우러러볼 수 있는 곳, 이견의 합치를 위해 토론하고 교육의 발전을 위해 연구하는 학교를 만드는 데 동참해야 한다.

반대의견을 말할 수 있는 권리를 의무가 되도록 명문화하고 잘못된 관행을 뿌리 뽑아야 한다. 인사고과 신경 쓰며 한마디 말도 못 하게 막아서는 안 된다. 학교의 기능을 비정규직 인력을 생산해내는 공장으로 전락시키지 말아야 한다. 학교부터, 학교만이라도 달라져야 한다. 아는 사람들이 움직여야 한다. 식자들이 선구자가 되어야 한다. 더는 체제에 종속되어 일하는 기계가 아닌 깨어 있는 학교가 되도록 거듭나야 할 것이다.

하나

7월 16일 오전이었다. 여름방학 내진보강공사를 대비해 도서
관 이삿짐을 싸느라 문자 온 것도 몰랐다. 도서관 지원 왔던 동
아리 회원 세 명과 끼니 해결하러 식당에 가서 문자를 확인했다.

　안녕하십니까, 협성문화재단 'NEW BOOK 프로젝트-당신의
책을 만들어드립니다' 담당자입니다. 지원해주신 NEW BOOK
프로젝트의 1차 서류 합격자(면접대상자)로 선정되었음을 알려드
리며…

협성문화재단이 지원하는 'NEW BOOK 프로젝트'. 김보영 선
생님 덕분에 알게 되었다. 톡으로 행사 공지 파일을 보내며 덧붙
였다.
"선생님, '부산명물시리즈'로 한번 도전해보세요."

글쓰기 모임 매주 토요일 리뷰 글쓰기 때 기획시리즈처럼 제목을 붙여서 쓴 글이 있었다. 그걸 두고 말한 거다. 볼품없는 글을 치하해준 것만으로도 기분이 좋았지만 '에이, 내가? 쓴 글이 뭐 있다고? 이제야 백일 글쓰기 한 번 끝났는데 무슨 낯짝으로 정말 염치도 없지' 생각했다. 그런데도 김보영 선생님이 2019년 3월 1일 펴낸 독립출판물을 보았던지라 허투루 보이지는 않았다. 지정 테마와 1차 서류 제출기한 6월 14일이 크게 보였다. 이 테마 주제에 맞춰 어떤 글을 준비하기에는 시간이 너무 촉박했다. '그래 이런 행사가 있는 걸 알았으니 열심히 글 모아서 내년에는 한 번 도전해볼까?' 정도로만 욕심을 냈다가 까맣게 잊었다.

일주일을 앞두고 한 권의 책 제목이 가슴에 와 박혔다. 『아무것도 하지 않으면 아무 일도 일어나지 않는다』 임박한 시간이지만 아직 며칠은 있다. 마음을 돌려먹고 그간 글을 쓰고 모아두었던 파일을 훑어보기 시작했다. 그래도 근래 가장 많은 기록이 학교 관련 일이었다. 열 받아서 쓰고 억울해서 쓰고 하소연하면서 쓰고 했던, 학교관리자들과 계약 관련해서 오갔던 상황을 기록해놓은 글들이 조금 되었다. 그래 이거라도. 다른 거 없이 폴더에 저장된 파일이 쓴 날짜 그대로 보관되어 있었기에 날짜별로 우선 붙여넣기를 했다. 학교 관련 내용이긴 하지만 너무 개연성이 없었다. 제목을 정했다. 제목에 맞는 글만 추려서 챕터별로 보충 설명을 덧붙이면 될 것 같았다. 그러나 생각보다 진행은 더디었다. 작업하면서도 내년에 할까? 이걸로 될까? 다른 여러 생각이 진도를 더 더디게 했다.

어느덧 마감 전날인데 총 파일 분량의 1/5 정도밖에 진척이 안 됐다. 일주일이지만 끄적거린 시간을 놔버리기엔 너무 아깝다. 마감 시간인 자정에 겨우 턱걸이하다시피 파일을 업로드했다. 결국, 미완성이었다. 더군다나 자기소개서 글도 마땅히 떠오르는 것이 없어서 고민만 하다가 백일 글쓰기 4기 모임 때 올렸던 글을 그대로 옮겨 붙였다. 될 대로 되라는 심정이었다.

그런데, 맙소사! 연락이 온 것이었다.

둘

추석 명절을 이틀 앞둔 날이었다. 원고 마감일 임박하여 느지막하게 발등에 불 떨어졌다. 조급하니 글이 산으로 바다로 간다. 좀체 정리되지 않는 글 마무리 작업을 하느라 컴퓨터 앞에 앉아 있는데 폰이 울렸다. 엄마의 전화였다. 연세 드신 어르신은 수면 내시경 할 때 보호자가 동행해야 한다고 해서 엄마의 건강검진에 함께 다녀온 일주일 뒤였다. 병원 검사 결과 볼 때는 혼자 갈 수 있다고 했는데 무슨 일인가 싶어 전화를 받았다.

"정연아, 의사 선생님이 빨리 대학병원으로 가란다."

하늘이 무너져 내리는 것 같았다. 검사 당일 연세와 상관없이 위벽 상태가 별로 좋지 않던 의사 선생님 말씀이 마음에 걸렸는데 안 좋은 예감은 틀린 적이 없다더니 위암이라고 했다. 두 군데 병원에서 재검을 받았는데 판독 결과가 달라 지금은 서울대병원에 진료 의뢰를 해놓은 상태다.

글을 핑계 삼아 제대로 위로도 못 해 드리고 글 앞에 있어도 마음은 콩밭에 있었다. 우리 엄마는 벌써 우울하다. 외할아버지, 외할머니 모두 암으로 돌아가셔서 가족력 때문에 언젠가는 자신도 이럴 줄 알았다는 둥, 살 만큼 살았다는 둥 이미 중환자가 되어 있다. 그 말이 왜 그렇게 듣기 싫은지 엉뚱한 소릴 한다며 쏘아붙이고 또 후회한다.

명절 음식 준비와 산소 다녀올 채비를 하느라 저녁 9시 가까워서야 다시 엄마 생각이 났다. 남편이랑 아들이랑 친정에 갔다. 친정엄마가 제일 좋아하는 외손자를 앞세워 기분전환을 해드리고 올 생각이었다. 명절 나물 반찬을 하려고 콩나물을 다듬고 계셨다. 우리 엄마 요리 솜씨는 별로라도 나물 반찬은 정말 맛있다. 같이 다듬으면서 이런저런 이야기를 나누었다. 이렇게 무슨 큰일이 있어야 안부 인사차 들여다보는 작은딸, 친정과 15분 거리에 있으면서도 오히려 멀리 있는 언니나 동생보다 더 살갑게 챙기질 못했다.

추석날 큰집에 다녀와서 친정에 갔다. 엄마의 암 선고 소식을 접한 뒤라 이번 추석엔 분위기가 많이 가라앉을 거라 예상했다. 병원 다녀온 날 저녁에 갔을 때 걱정했던 것과는 달리 씩씩해서 다행이라 생각됐지만 그래도 내내 개운치가 않았다. 서로 짠 것도 아닌데 병원 얘기는 별로 하지 않고 자연스럽게 다른 안부를 물으면서 지내다 왔다. 당진 사는 언니네가 약속이 있다면서 서둘러 가려고 했다. 왠지 더 있으면 분위기가 무거워질 것 같아 우리도 일찍 나섰다. 부모님만 남겨두고 동생네랑 함께 돌아왔다.

집에 있으니 또 걱정되었다. 너무 일찍 나와버린 것이 맘에 걸렸다. 가깝다는 장점을 발휘할 때다. 아이들에게 '할머니 고스톱 친구나 돼 드리러 다시 갈까?' 물으니 흔쾌히 좋다고 한다. 우리 친정엄마는 맞고 게임 광팬이다. 나는 너무 싫어한다. 평소엔 그만하라고 잔소리를 하는 내가 가자고 했는데도 아이들이 분위기를 파악했는지 왜 그러는지 묻지도 않았다. 자식들 조금씩 나눠 준다며 허리도 제대로 못 펴면서 한 솥을 해놓았던 나물반찬, 집에 와서 꺼내 먹을 때마다 눈물이 난다.

셋

달라진 건 없다. 희망적이지도 않다. 그래도 살아내야 한다. 얼마 전 출근길에 교감 선생님이 불러 갔더니 뜬금없는 말을 했다. 학교도서관에 오래 일하고 싶어 하는데 자활 신청해서 일하는 건 어떠냐고 물었다. 사실 말씀하실 때까지 '자활' 그게 뭔지 잘 몰랐다. 또 다른 '봉사' 형태인 줄 알았다. 유쾌한 일이 아닌 느낌을 받았다. 알아보겠다고 했는데 알고 나니 비참했다. 국민기초생활 수급자, 차상위자 등 일할 수 있는 근로 빈곤층의 자립자활을 위한 근로 기회를 제공하는 보건복지사업이었다.

찢어지게 가난한 우리 집 형편을 어떻게 아시고 그러시나? 아니면 교감 선생님도 자활이 뭔지 모르시나? 다음 날 자격 조건이 필요한 거라고 알려드리면서 자격이 안 되면 어떻게 되는지 묻고 싶었는데 뒤에 말은 듣지 않고 학교에서도 자세히 알아볼 테니 신청을 해보라고 했다. 내가 기초수급자면 좋겠다는 생각이 들었다.

주위에 도움을 주려는 분들은 있다. 사서교사 김보영 선생님은 사서직공무원과 사서교사 임용시험용 수험서를 챙겨주었다. 시험 자격에 대해 알아보니 갈 길이 너무 멀었다. 사서교사가 되려면 현재 조건에서는 문헌정보학과가 있는 대학교에 편입학해서 학부에서 문헌정보학을 전공한 뒤 사서 교육 과정이 있는 교육대학원에 진학해 석사 학위를 받는 방법이다.

그렇게 사서교사 자격증을 받아도 임용시험을 쳐서 붙어야 정식 사서교사가 될 수 있다고 한다. 너무나 멀고도 먼 길이다. 흔히 '내 나이가 어때서' 하지만 공부에만 매달릴 수 있는 여건도 아니거니와 정식 사서교사 타이틀을 득할 때쯤 '퇴직하세요.' 하게 될 것 같다. 공공도서관으로 채용되는 사서직공무원도 지원자의 1%밖에 합격을 못 한다고 하니 어렵기는 매한가지다. 좀더 고민해야 할 것 같다.

아들은 여전히 쉬는 날도 없이 도전 중이다. 주중에는 사회에 진출할 준비를 위한 마지막 학년 공부에 매진 중이고 주말이면 시급이 조금 더 낫다며 원정 알바를 다닌다. 좋은 성적이 나오는 과목과는 상관없이 수학이 좋아서, 물리 화학이 재미있다며 이과를 선택하고, 내신공부도 중요하지만 토론대회는 꼭 나가야 한다는 지기의 딸은 수능 막바지 학년을 남겨두고 포기하지 않고 달린다.

흐르는 세월은 비껴갈 수 없는지 '이야!', '허리야!' 소리를 자주 달고 다니는 남편은 인제 보니 그럴 나이가 되었다. 아이들 성장 과정에 초점을 맞추다 보니 어느새 노화가 한참 진행 중인 우리를 돌아보지 못했다. 소홀했던 시간 보상하듯 이제라도 좀 더 살뜰히 챙겨야겠다.

2차 심사위원 면접이 있던 날이 생생하다. 우매한 나는 수십 권의 책을 집필한 분을 몰라뵙고 여러 질문으로 내 글과 사연에 관심을 보이던 교수님 모습만 보고 멘토를 결정했다. JTBC 뉴스에도 나오는 교수님, 작가님, 기자님 다른 심사위원님들도 나중에야 정말 대단한 유명인사임을 알게 되었다.

협성문화재단의 파워를 실감했다. 멘토를 결정하고 김경집 교수님의 책을 샀다. 『앞으로 10년, 대한민국 골든타임-가만히 있으면 망한다』(들녘, 2017). 2019년 7월에도 출간된 최신 책부터 다수의 저서가 있었지만 이 책 제목이 끌렸다. 교수님 책에서 깨달음을 얻고 글에 인용하기도 했다. 한국일보 '통찰력 강의' 칼럼도 읽었다. 취향 저격이다. 팬심으로 다음에 뵈면 사인을 받아야겠다.

부족한 실력으로 어떻게 도전할 생각이 났었는지 무모함에 고개를 들 수가 없다. 한 글자도 써지지 않는 마법에 걸린 순간을 경험했다. 내 글을 보고 욕지기가 솟아오르는 좌절감도 느꼈다. 뭣 때문인지 모르지만 내 글이 꼴도 보기 싫었다. 한동안 내팽개쳐놓고 있었다. 느긋하게 시간을 다 지체하고 날이 임박하여 조급하게 부탁했다.

그런데도 모자란 글을 꼼꼼히 살피고 즉각적으로 맞춰주셨다. 그러나 교수님 말씀을 고분고분 듣지는 못했다. 마감 전에 생긴 개인적인 악재들로 뜻대로 손볼 시간이 없었고 실력의 한계를 느꼈다. 말 안 듣는 멘티 때문에 힘들었을 교수님에게 송구스러울 따름이다. 마지막까지 따뜻한 격려와 무조건적인 지지로 힘을 실어준 멘토 김경집 교수님에게 정말 감사드린다.

글을 쓰는 과정은 지옥 투어였다. 천벌을 받고 있다는 생각이 들었다. 책을 읽고 토론이랍시고 잘 썼니, 못 썼니 주제넘은 평가를 일삼으며 교만했던 그간의 죄를 이번 작가 체험을 통해 통렬하게 심판받은 거다. 부디 용서해주십사 세상 모든 작가에게 이 자리를 빌려 사죄드린다.

한편 배움의 기회이기도 했다. 나이가 들면 들수록 많이 알면 알수록 더욱 고개를 숙여야 하는 삶의 자세, 바로 '겸손'이다.

또한 이를 계기로 '책'을 대하는 자세도 달라질 것 같다. 이 세상 모든 작가는 위대하다. 한 토시, 한 문장 그냥 나온 것이 아니었다. 읽을 때도 경건한 마음으로 감상해야겠다고 생각했다.

2019 NEW BOOK 프로젝트 참여는 신선하고 특별한 경험이었다. 나에게는 짧고도 긴 여정, 소중한 기회를 제공해준 협성문화재단 관계자님들에게 깊은 감사의 마음을 전한다. 그리고 글답게 책답게 만들어준 산지니 출판사 편집팀에도 감사드린다.

협성문화재단 NEW BOOK 프로젝트 총서

저는 비정규직 초단시간 근로자입니다

초판 1쇄 발행 2019년 12월 20일

지은이 석정연
기 획 (재)협성문화재단
        부산시 동구 중앙대로 360(수정동) 협성타워 9층
        t. 051-503-0341 f. 051-503-0342
발 행 산지니
        등록 2005년 2월 7일 제333-3370000251002005000001호
        부산시 해운대구 수영강변대로 140 BCC 613호
        t. 051-504-7070 f. 051-507-7543

ISBN 978-89-6545-636-0 03320
ⓒ 석정연